D1666749

« tiré à part »
collection créée par
Jean-Pierre Cometti
et dirigée par
Marjorie Caveribère et Jean-Pierre Cometti

GOODBYE KANT!

TRADUIT AVEC LE CONCOURS
DU CENTRE NATIONAL DU LIVRE

Maurizio Ferraris

Goodbye Kant !
Ce qu'il reste aujourd'hui de la
Critique de la raison pure

traduit de l'italien
par
Jean-Pïerre Cometti

Préface de
PASCAL ENGEL

« tiré à part »
Éditions de l'éclat

TITRE ORIGINAL :

Goodbye Kant! Cosa resta oggi della Critica della ragion pura

Milan, Tascabili Bompiani, 2004.

Haro sur Königsberg ?

par Pascal Engel

Qui n'a pas ouvert pour la première fois la *Critique de la raison pure* avec le même mélange de terreur et de respect que ceux qu'éprouve Indiana Jones en ouvrant quelque grimoire qui le conduira vers des aventures échevelées ? Qui n'a pas poursuivi sa lecture quand bien même chaque page se révélait encore plus incompréhensible que la précédente ? Par quel miracle les philosophes les plus obscurs ont-ils le don de provoquer la fascination de leurs lecteurs ? Parce que ceux-ci se sentent d'autant plus intelligents qu'ils n'y entendent rien, par une sorte de *lego quia absurdum* ? Ou parce que, comme me l'a suggéré récemment un adolescent qui envisageait de faire des études de philosophie, avoir en main un exemplaire de la *Kritik der reinen Vernunft* donne du prestige auprès des filles ? Kant nous intimidait et nous faisait éprouver des frissons spéculatifs chaque fois qu'il provoquait un choc mystérieux de concepts : « esthétique transcendantale », « amphibologie des concepts de la réflexion », « déduction métaphysique », « schématisme des concepts purs », sans parler de « synthétique *a priori* », « unité originairement synthétique de l'aperception », « synthèse de la recognition dans le concept ». Une fois qu'on avait un peu mieux compris le sens de cette terminologie sibylline, mi-juridique, mi-géographique, de cette architectonique bizarre et de ces taxinomies baroques adaptées de la logique et de la scolastique post-wolffienne, il restait encore à comprendre les raisonnements du Königsbergien, c'est-à-dire le simple passage d'une phrase à l'autre. Quand on y était tant bien que mal parvenu, ou du moins quand nos maîtres en kantisme nous avaient éclairés, souvent à notre esprit défendant, sur le sens de tel ou tel morceau, comme l'esthétique, la déduction transcendantale ou les antinomies, il y avait toujours un sens résiduel de mystère. Germaine de Staël, pourtant lectrice enthousiaste, disait : « Dans ses traités de métaphysique, il prend les mots comme des chiffres, et leur donne la valeur qu'il veut, sans s'embarrasser de celle qu'ils tiennent de l'usage. C'est, me semble-t-il une grande erreur ; l'attention du lecteur s'épuise à comprendre le langage avant d'arriver aux idées, et le connu ne sert jamais d'échelon à l'inconnu[1]. » J'ai lu fréquemment que c'était dû au fait que Kant avait seulement le « souci de la puissance démonstrative » et pas celui de l'élégance[2]. Pour ma part, souvent je ne voyais pas ce qui était démontré. Mais tout comme pour les traités sur le sexe, on n'osait pas avouer son ignorance. C'est pourquoi je fus rassuré quand j'appris, en lisant *The Bounds of Sense* de Strawson, pourtant peu suspect d'antipathie envers Kant, que l'auteur de la *Critique* s'était rendu coupable, selon le philosophe d'Oxford, de «*non sequitur* d'une énormité confondante[3]». Ce n'est que plus tard que j'ai appris que Bolzano avait déjà exprimé de tels jugements[4], que Frege ne tenait pas Kant en très haute estime, que Brentano l'avait appelé « le chef de l'école allemande du non sens commun en philosophie » et que Wittgenstein parlait de « bavardage transcendantal ». Mais ce genre de jugements a mis du temps à nous parvenir. Qu'on soit étudiant ou philosophe professionnel, critiquer Kant, l'accuser de se contredire ou seulement suggérer qu'il pourrait avoir fait des confusions ou n'avoir pas donné d'argument pour telle ou telle de ses thèses, était (est ?) accueilli avec un brin de condescendance apitoyée.

Le lecteur de *Goodbye Kant!*, de Maurizio Ferraris sera peut-être dispensé de ce genre de mésaventures. Comme il nous le

---

1. Madame de Staël, *De l'Allemagne*, Paris, Classiques Garnier, 1968, p. 451.
2. Alain Renaut, préface à sa traduction de la *Critique*, Paris, Aubier 1997, p. 8.
3. London, Methuen, 1968, p. 28, curieusement le seul ouvrage majeur de Strawson qui ne soit toujours pas traduit en français.
4. Cf. Jacques Laz, *Bolzano critique de Kant*, Paris, Vrin, 1993 ; Anita von Duhn, « Bolzano contra Kant », thèse, Université de Genève, 1999.

dit, ce livre est à Königsberg ce que le film *Goodbye Lenin* est à l'ancienne Allemagne de l'Est. Mais on notera qu'à la différence de Saint Pétersbourg, qui a repris après 1990 son nom tsariste, de Karl-MarxStadt qui a repris son nom de Chemnitz, Kaliningrad n'a pas repris son nom prussien : Königsberg serait-il vraiment chose du passé ? Ce petit livre alerte et drôle, d'un auteur qui a renouvelé en quelques années la *Kulturkritik* avec des essais hilarants et savants comme *Dove sei?* sur l'ontologie du téléphone mobile, *La sfidanza automatica*, ou *Il tunnel delle multe* [5], qui sont à l'ontologie de la vie quotidienne ce que les *Mythologies* de Barthes sont à la sémiotique, est fait pour tous ceux qui se sont demandés au moins une fois dans leur vie (et même pour ceux qui ne se le sont jamais demandé) : Y a-t-il eu vraiment une révolution copernicienne en philosophie et le monde tourne-t-il autour du sujet ? A-t-on vraiment besoin d'une couche de transcendantal, y compris dans la logique ? Qu'est-ce que c'est que cette histoire de jugements synthétiques *a priori* ? La métaphysique est-elle vraiment un cimetière d'illusions ? Est-il vrai que nous ne connaissons jamais que les phénomènes et pas les choses en soi ? La liberté est-elle seulement un concept « problématique » ? Le fait de prendre conscience de notre finitude a-t-il vraiment des conséquences épistémologiques aussi profondes ? La raison est-elle vraiment aussi impotente que cela ? Maurizio Ferraris nous propose une lecture, ou une relecture de la première *Critique* qui n'hésite jamais à poser ces questions simples que tout lecteur doit se poser. Il nous apprend à nous méfier du bluff transcendantal, et retrace le contexte, les thèses principales, tout en dénonçant les paralogismes et les glissements du Prussien, et notamment les suivants.

Comme on le sait, le but principal de Kant était de fournir un fondement rationnel à la science physique de son époque, celle de Newton. Comme l'écrit Jules Vuillemin au début de son classique *Physique et métaphysique kantiennes* : « Toutes les obscurités m'ont semblé disparaître dès qu'on les éclairait par le

---

5. Respectivement : Milan, Bompiani, 2005 (tr. fr. Pierre-Emmanuel Dauzat, *T'es où?*, Paris, Albin Michel 2006); Bompiani 2007 ; Bompiani, 2008.

livre où Kant a exprimé ses idées sur la physique ; les *Principes métaphysiques de la science de la nature*... L'idéalisme transcendantal apparaîtra comme la science des actes intellectuels par lesquels l'homme pense la mécanique rationnelle[6].» C'est l'applicabilité des mathématiques à la physique qui définit le vrai problème transcendantal. Soit, mais alors en quoi l'analytique transcendantale peut-elle aussi prétendre décrire notre expérience ordinaire ? Vuillemin ajoute immédiatement que la « liaison, qui paraît naturelle, des problèmes de la Mécanique et de ceux de l'expérience vulgaire – en particulier de la perception – pose à la philosophie transcendantale des problèmes qu'elle ne pouvait pas résoudre ». Mais on peut aller plus loin, et y voir la source d'une vraie confusion. Strawson l'accuse, sous couvert de donner une théorie des conditions de l'expérience sensible dans l'Esthétique transcendantale, de parler en fait des propriétés de la géométrie euclidienne. Maurizio Ferraris enfonce le clou : Kant confond tout simplement l'expérience perceptive et l'expérience au sens où la physique la décrit.

La description même de l'expérience par Kant est-elle convaincante ? On répète à l'envi la crème renversée : « Les intuitions sans concepts sont aveugles et les concepts sans intuition sont vides » et on dénonce « le mythe du donné » (Sellars) selon lequel il pourrait y avoir un donné indépendant de tout concept. Mais est-il vrai que les intuitions sans concepts sont aveugles ? S'il faut décrire l'expérience sensible du point de vue de la psychologie de la perception, explique Ferraris en invoquant la tradition de la *Gestalt* en psychologie, on peut avoir des concepts et ne rien voir, et voir parfaitement sans concepts. Et même si nous n'appréhendons la réalité qu'à travers nos concepts et des formes de l'intuition, s'ensuit-il que la réalité est *entièrement* dépendante de nos schèmes conceptuels et des formes de l'intuition ?

Maurizio Ferraris dénonce le « paralogisme transcendantal » qui consiste à décrire l'expérience à partir des structures de la science, tenues comme *a priori*. Cela suppose non seulement la confusion entre expérience et science, mais aussi les

6. Jules Vuillemin, *Physique et métaphysique kantiennes*, Paris, PUF, 1955, préface, p. 3.

distinctions entre jugements *a priori* et *a posteriori*, entre jugements analytiques et jugements synthétiques. Comme on le
sait, ce sont ces distinctions qui ont été immédiatement, sous
le feu des critiques, et notamment de la part de Bolzano. Mais
indépendamment des torrents d'encre suscités par ces distinctions, pourquoi ne pas dire tout simplement que la voie
kantienne conduit à l'idéalisme ? L'appeler transcendantal ne
change rien au fait que ce soit un idéalisme.

Il y a un raisonnement kantien, qu'on trouve notamment
dans la *Logique*, qui est supposé sonner le glas de la conception correspondantiste de la vérité : je ne peux comparer
l'objet avec mon jugement qu'en faisant un jugement sur les
objets ; mais cela suppose que nos jugements soient confirmés
par eux-mêmes, ce qui ne peut établir leur vérité[7]. Comment
en effet pourrions-nous confronter nos jugements à des mor-
ceaux de réalité ? Bolzano met cet argument dans la bouche
d'un sceptique, et le rejette[8]. À juste titre. Si Arsinoé, avant de
voir la cathédrale de Cologne, croit qu'elle a deux flèches, et
quand elle vient à visiter Cologne et voit sa cathédrale, fait le
jugement perceptif qu'elle a deux flèches, qu'y a-t-il de mal
pour elle à dire qu'*il est vrai* que la cathédrale de Cologne a
deux flèches ? Son jugement initial est-il en train de se confir-
mer lui-même ? Non : c'est seulement son jugement perceptif
qui confirme un jugement par ouï-dire antérieur. Certes cette
confirmation perceptive n'est pas une garantie de vérité, mais
qu'y a-t-il de mal à dire que la croyance d'Arsinoé est confron-
tée avec ce sur quoi elle porte[9] ?

Enfin, quelles raisons avons-nous de croire que la réalité
est composée des entités dont Kant nous dit que seule la

7. *Logik*, introduction, VII, B, cité par W. Künne, *Conceptions of Truth*,
Oxford, Oxford University Press, 2003, p. 127.

8. *Wissenschaftslehre*, Sulzbach : Seidel 1837, in *Gesamtausgabe*, Stutt-
gart : Fromman-Holzboog, 1985, vol. I, 179-180. L'argument de la
confrontation a des points communs avec celui que Frege examine dans
Der Gedanke, tr. fr. Claude Imbert, « La pensée », in *Écrits logiques et philosophiques*, Paris, Seuil, 1971.

9. Künne, *op. cit.*, p. 129. Alain Renaut, in *Kant aujourd'hui*, Aubier
1997, p. 63-64, propose un argument similaire à partir de Fichte, et
semble le trouver convaincant.

structure de notre pensée sur les objets peut les configurer ? N'y a-t-il que des substances, avec leurs propriétés et leurs relations (si tant est que les relations soient pour Kant des entités autonomes) ? Y a-t-il des objets tels que les maux de dents, l'empire romain, la méchanceté de Yago, des sons ou des trous ? La notion de substance ne permet pas de faire un catalogue ontologique très fourni, et surtout elle ne nous donne aucun critère pour distinguer lesquelles de ces entités sont réelles, et lesquelles sont dépendantes d'autres entités. Kant a-t-il seulement le droit de considérer la causalité comme une catégorie *a priori* de l'entendement ? N'y a-il pas des cas dans lesquels on peut *voir* une cause produire son effet quand bien même la causalité est *a priori* ?

Il y a bien d'autres points sur lesquels, malgré la nostalgie qu'elle nous inspire, on ne peut plus s'attendrir sur la Trabant kantienne : sa théorie de l'intuition, déjà malmenée par Bolzano, sa psychologie des facultés qui rappelle, comme le disait Cavaillès au sujet du cours de logique, fâcheusement celle d'Arnauld[10], sa théorie de l'existence comme position et non comme prédicat, dont Heidegger fait si grand cas, mais qui est loin d'être évidente (nombre de philosophes et de logiciens contemporains tiennent l'existence comme un prédicat, et ne se laissent pas impressionner par l'affaire des thalers), ou encore par la théorie du Je et du temps « *out of joint* » qui plaisait tant à Gilles Deleuze[11].

Maurizio Ferraris ne se cache pas d'avoir ses propres options philosophiques. Son introduction à Kant est opinante. Il se rattache à l'école de la phénoménologie réaliste post-brentanienne et gestaltiste, qui rayonna de Graz, où enseignait Meinong, vers Trieste[12], et dont de grands représentants sont Gaetano Kanisza et Paolo Bozzi, qui sont parmi

10. Jean Cavaillès, *Sur la logique et la théorie de la science*, Paris, Vrin 1947, p. 1.

11. Gilles Deleuze « Sur quatre formules poétiques qui pourraient résumer la philosophie kantienne, *Philosophie*, 3, 1986, 9, p. 29-34.

12. Après avoir jadis été proche des philosophes turinois de l'herméneutique, Luigi Pareyson et Gianni Vattimo, avoir noué amitié avec Jacques Derrida (son *Introduzione a Derrida*, Bari-Rome, Laterza, 2003, se signale, chose rare dans ce genre littéraire, par sa clarté).

les fondateurs italiens de la « physique naïve[13] ». On ne s'étonnera donc pas qu'il y ait quelque chose d'autrichien dans son anti-Kant, qui rejoint les grands prédécesseurs Bolzano et le *Neuer Anti-Kant* de Příhonský[14]. Mais il ne veut pas déboulonner la statue de Kant à Königsberg comme on l'a fait pour celle de Lénine. Il n'a pas voulu non plus, à la manière de Croce sur Hegel, faire un *Ciò che è vivo e ciò che è morto della filosofia di Kant.*

Les kantiens répondront que le livre simplifie, qu'il ignore, outre les deux autres critiques, l'immense champ de discussion qu'ont ouvert depuis plus de deux siècles les thèses kantiennes, et que ce n'est pas un *scoop* de savoir que le Königsberg historique est mort[15]. Le kantisme n'a-t-il pas poursuivi sa voie, de Fichte, Hegel et Schelling à Windelband, Rickert, Natorp, Cohen, Cassirer en passant par ses branches « réalistes » avec Herbart, ou psychologiques avec Fries et Beneke, qu'on redécouvre aujourd'hui ? Ne s'est-il pas marié même à la tradition qui était pourtant à ses débuts la plus proche de la tradition autrichienne, celle de la philosophie analytique ? N'a-t-on pas fait de Wittgenstein un kantien à peine refoulé ? Strawson, Sellars, McDowell, Brandom, ne jouent-ils pas un air de flûte (de Hamelin, diront certains) kantien ? La philosophie morale et politique kantienne est-elle jamais morte, elle qui inspire la grande synthèse de Rawls ?

Il est indéniable que bien des questions kantiennes sont encore là dans la philosophie contemporaine. Pour ne donner qu'un échantillon dans le domaine de la théorie de la connaissance :

13. G. Kanisza, *Grammatica del vedere,* Bologne, Il Mulino, 1980, tr. fr. *Grammaire du voir,* Paris, Diderot 1998 ; P Bozzi, *Fenomenologia sperimentale,* Bologne, Il Mulino, 198.

14. F. Příhonský, *Neuer Anti Kant,* ed Morscher et Thiel, Academia Verlag, Berlin 2003 ; *Bolzano contre Kant: le nouvel anti-Kant,* tr. fr. Sandra Lapointe, Paris, Vrin, 2006. Le lecteur français dispose de quelques pages anti-Kant bien senties dans F. Nef, *Qu'est-ce que la métaphysique ?* Paris, Gallimard, 2004, p. 81-139. Le livre d'Alain Boyer, *Hors du temps,* Paris, Vrin, 2001 manifeste toute sa distance, mais n'est pas anti-Kant.

15. Pour avoir une idée des réactions suscitées par le livre en Italie, voir A. Ferrarin, éd. *Congedarsi da Kant ?* Pisa, ETS, 2006.

— Un « argument transcendantal » – c'est-à-dire un argument qui part du fait que P et se demande comment P est possible (Strawson) peut-il être valide[16] ?

— L'expérience perceptive est-elle nécessairement spatiale et l'objectivité dépend-elle de l'espace[17] ?

— S'il y a des énoncés contingents *a priori* et des énoncés nécessaires *a posteriori* (Kripke), l'équivalence kantienne entre le nécessaire et l'*a* priori, qui trahit sa conception purement épistémique des modalités, a-t-elle un sens[18] ?

— Y a-t-il de la connaissance *a priori*[19] ?

— Le cadre kantien est conciliable avec une théorie naturaliste de l'esprit ? L'option exclue par Kant d'un « système de préformation de la raison pure » est-elle si obsolète[20] ?

— L'expérience est de nature « conceptuelle » (Mc-Dowell) ?

— Y a-t-il une unité de la conscience[21] ?

16. Énorme littérature en anglais. En français, cf. « La querelle des arguments transcendantaux », *Cahiers de philosophie de l'Université de Caen*, 35, 2000.

17. Cf. Strawson, *Individuals*, Methuen, Londres, 1959, ch. 2, et pour une présentation, Joelle Proust, « L'espace, les sens et l'objectivité », in J. Proust éd., *Perception et intermodalité*, Paris, PUF, 1997.

18. Saul Kripke *Naming and Necessity*, Oxford, Blackwell, 1980, tr. fr. *La logique des noms propres*, tr. fr. de Pierre Jacob et François Recanati, Paris, Minuit 1982. Sur l'épistémologie modale post-kripkéenne, cf. T. Gendler et J. Hawthorne, éds, *Conceivability and possibility*, Oxford, Oxford University Press, 2002, et le volume des *Études philosophiques* dirigé par S. Chauvier, janvier 2008.

19. Voir notamment C.Peacocke et P. Boghossian, eds, *New Essays on the A priori*, Oxford, Oxford University Press, 2001.

20. L'option en question fut prise au sérieux par Mach et Boltzman (voir J. Bouveresse, « Le problème de l'*a priori* et la conception évolutionniste des lois de la pensée » in *Essais IV*, Marseille, Agone, 2006 ; Claudine Tiercelin, *La pensée signe*, Nîmes, Jacqueline Chambon, 1993, p. 335-350, analyse ce projet chez Peirce).

21. Cf. notamment Andrew Brooks, *Kant and Mind*, Cambridge 1996 et Quassim Cassam, *Self and world*, Oxford, Oxford University Press, 1997.

Bien sûr on est libre de compter comme kantiennes toutes les réponses positives à ces questions, et comme non kantiennes toutes les réponses négatives. Ferraris répond carrément non à la plupart, sauf peut-être à celle de l'*a priori*. Mais est-ce que le fait de donner des réponses, positives ou négatives, à ces questions, implique que nous soyons encore dans une atmosphère kantienne ? Certes on nous appris à avoir des automatismes : « Qui dit *a priori* dit Kant » ; « Qui dit argument transcendantal dit Kant. » Mais pourquoi devrait-on formuler ces questions *dans un cadre kantien* ? Parce que Kant les a illustrées ? Mais sauf à vouloir reprendre le programme kantien lui-même, c'est-à-dire proposer une nouvelle critique de la raison pure, on ne voit pas pourquoi. Il y a bien eu, de Cassirer à Vuillemin et Gerd Buchdal, en passant par Carnap[22], des tentatives de ce genre dans la philosophie contemporaine. Mais elles ont fait long feu. Il y a des retours partiels au kantisme, à partir de tel ou tel thème, mais qui, par exemple, pourrait vraiment considérer l'œuvre de McDowell ou celle de Brandom comme véritablement kantiennes, en dépit du fait que ces auteurs se réclament de lui à tel ou tel titre ? Il n'en est pas de même en philosophie morale et politique, où le kantisme est bien vivant. Mais c'est, nous suggère Ferraris, parce qu'il a renoncé à intervenir en théorie de la connaissance. Et en effet si la raison ne peut rien connaître, et si le savoir est aux mains de la science, pourquoi se fatiguer à faire de la philosophie théorique, sinon, à la rigueur, pour faire de l'épistémologie des sciences humaines dans la mesure où elles concernent les conditions de l'action pratique ? Le primat de la raison théorique sur la raison pratique implique, pour beaucoup de kantiens contemporains – dont ne faisait par partie Jules Vuillemin – qu'on laisse simplement la raison théorique aux oubliettes. La métaphysique, l'ontologie, la théorie de la connaissance ne font simplement plus partie des tâches de la philosophie. Comment, dans ces conditions, expliquer la résurgence de métaphysiques pré-critiques,

22. G. Buchdal, *Metaphysics and the Philosophy of science*, sur Carnap comme krypto-kantien, voir Joelle Proust, *Questions de forme*, Paris, Fayard, 1987, et les travaux de Michael Friedman.

comme celle de David Lewis ou de David Armstrong, la permanence des questions ontologiques sur laquelle insiste Ferraris, et le fait qu'il y a encore des gens qui se consacrent à la théorie de la connaissance? Est-ce seulement parce que les illusions ont la vie dure et qu'il faut bien que les étudiants de philosophie et leurs professeurs s'occupent à quelque chose? On ne peut ici que se souvenir des quatre phrases de l'histoire de la philosophie distinguées par Brentano : phase théorique créative orientée vers la production du savoir, puis phases de déclin orientées vers les intérêts pratiques et populaires, phase sceptique, puis mysticisme-dogmatique[23]. Il plaçait Kant dans la quatrième catégorie.

Certains philosophes sont comme ces hôtes qui ne savent pas prendre congé. On a beau multiplier les bâillements et les signes de fatigue, ils restent là, à pérorer. Kant est un peu l'un de ces Séraphin Lampion de la philosophie, qu'on a peine à congédier. Mais c'est la marque d'un grand philosophe que de rester, d'être un vrai pot de colle. Kant fut congédié souvent. Mais il ne cessa de faire retour, quelquefois chez ceux-là même qui l'avaient congédié, y compris chez les philosophes analytiques qui s'étaient fait de l'anti-kantisme une spécialité. Alors la tentative polie, au fond gentille et pleine de nostalgie, mais néanmoins ferme de Maurizio Ferraris réussira-t-elle? Faudra-t-il un jour, comme dans le film de Wolfgang Becker, reconstruire une Königsberg virtuelle pour entretenir l'illusion des kantiens que l'idéal transcendantal existe encore?

23. F. Brentano, *Die Vier Phasen der Philosophie*, ed. Kraus, Hamburg, Meiner 1968. Cf. P. Simons, « The Four phases of philosophy: Brentano's Theory and Austria's history », *The Monist*, 83, 1, 68-88.

Goodbye Kant !

Ce qu'il reste aujourd'hui de la
Critique de la raison pure

À la mémoire de mon père, Enrico Ferraris
1921-2004

De Könisberg à Kaliningrad

Parmi les nombreuses villes qui ont changé de nom après la Seconde Guerre mondiale, il y a Königsberg où Kant est né et a vécu. Königsberg se trouvait alors en Prusse ; aujourd'hui, il s'agit d'une enclave russe entre la Pologne et la Lituanie. Elle porte le nom de Kaliningrad. Ce passage de l'allemand au russe, après 1945, semble aller de pair, en sens inverse, avec le retour du russe à l'allemand, de Leningrad à Saint Petersbourg, après 1989. Il nous laisse entrevoir, comme un voyage dans le temps plutôt que dans l'espace, combien d'eau est passée sous les ponts, de l'histoire (ce qui paraît évident), mais aussi de la philosophie (ce qui paraît souvent moins évident).

En cette année du bicentenaire de la mort de Kant, ce bref écrit s'attache à en exposer la révolution[1] – la révolution copernicienne – avec la même ironie affectueuse dont témoigne *Goodbye Lénine* à l'égard de la révolution soviétique. Chez Kant aussi, comme dans la RDA du film de Wolfgang Becker, telle qu'elle y est reconstruite, nous trouvons des cornichons au vinaigre et de vieilles Trabant, se mêlant à l'idéal d'un monde plus solide et moins injuste et à l'aspi-

1. Sans prétendre rivaliser avec les excellentes introductions à Kant ou à la *Critique de la raison pure* disponibles en Italie, parmi lesquelles il faut signaler : R. Ciafardone, *La Critica della ragion pura. Introduzione a Kant*, Rome, La Nuova Italia Scientifica, 1996 ; A. Guerra, *Introduzione a Kant*, Rome-Bari, Laterza, 1999 ; O. Höffe, *Immanuel Kant* (1983), trad. it. de S. Carboncini, éd. Par V. Verra, Bologne, Il Mulino, 1986 ; S. Marcucci, *Guida alla lettura della Critica della ragion pura de Kant*, Rome-Bari, Laterza, 1997 ; G. Riconda, *Invito al pensiero di Kant*, Milan, Mursia, 1987.

ration à une fondation totale de la connaissance et de la morale[2].

Aussi l'esprit en est-il tout à fait différent de celui du livre de Franz Příhonský (1788-1859), un disciple du philosophe autrichien Bernhard Bolzano (1781-1848) publié il y a cent cinquante ans sous le titre programmatique de *Neuer Anti-Kant*[3] (lequel, comme son titre l'indique, n'était pas le premier)[4]. Le mien, pour tout dire, n'a rien à voir avec un *Nouvelissime Anti-Kant*. Il ne s'agit nullement de mutiler un monument, mais, si cela est possible, de lui enlever un peu de sa rouille, afin de lui rendre son actualité. Il me semble qu'en dressant un inventaire des cornichons et des Trabant que recèle la *Critique de la raison pure*, on se donne les moyens, non pas de dire ce qu'il y a de mort et de vivant dans la révolution copernicienne (qui en aurait la prétention ?), mais de présenter sous un jour différent – peut-être plus cordial – un classique de la philosophie que le temps et le succès ont fini par embaumer.

2. Comme l'écrivait le kantien ou kantophile Bartolomeo Vanzetti à sa sœur Luigina le 8 décembre 1926 : «À travers la douleur, le malheur et la défaite, sur le chemin de l'ancienne philosophie stoïque et à l'école de l'unique philosophie héroïque moderne, j'ai appris à surmonter la peur et la souffrance ; j'ai appris à être heureux.» (B. Vanzetti, *Il caso Sacco e Vanzetti. Lettere ai familiari*, éd. par C. Pillon et V. Vanzetti, Roma, 1971, 2ᵉ éd., p. 167-168, cité par A. Guerra, *Introduzione a Kant*, op. cit., p. 299-300.

3. F. Příhonský, *Neuer Anti-Kant* (1850), vol. 9, op. cit.

4. Le premier du genre fut en fait l'*Anti-Kant* du jésuite Benedikt Stattler (1728-1797), paru en deux volumes en 1788.

1. La révolution de Kant[5]

POURQUOI FAIRE LA RÉVOLUTION. Lorsqu'il est mort, octogénaire, le 12 février 1804, Kant était aussi amnésique que Ronald Reagan aujourd'hui[6]. Pour y remédier, il notait tout dans un grand cahier où se mêlaient réflexions métaphysiques et notes de blanchisseuse. C'était la parodie mélancolique de ce que Kant considérait comme le principe suprême de sa philosophie, le fait que le Je pense doit accompagner toutes mes représentations, autrement dit qu'il n'y a de monde que pour un Moi qui s'y aperçoit, en prend note, s'en souvient et le détermine grâce à ses propres catégories. Il s'agit d'une idée qui avait diversement circulé dans la philosophie avant Kant[7], mais à laquelle il a donné une forme décisive. La référence à la subjectivité ne contredit pas

5. Je me réfère, au moyen de « A » et « B » à la pagination originale des deux éditions (1781 et 1787) de la *Critique de la raison pure*. Ak désigne l'édition critique de référence : *Kants gesammelte Schriften*, hg. V. der Königlich Preussischen Akademie der Wissenschaften, Berlin-Leipzig, 1900 (puis Deutsche Akademie der Wissenschaften, Berlin, Walter de Gruyter, 1967).
6. Décédé le 5 juin 2004, après la rédaction de ce livre. En ce qui concerne la vie de Kant, voir L.E. Borowski – R. B. Jachmann – E.A. Wasianski, *La vita di Immanuel Kant narrata da tre contemporranei* (1804), trad. it., E. Pocar, introduction de E. Garin, Rome-Bari, Laterza, 1969. Sur la maladie, Th. De Quincey, *Les derniers jours d'Emmanuel Kant* (1827), trad. fr. Marcel Schwob, Toulouse, Ombres, 1986 (rééd. 1996).
7. Dans le *Théétète* de Platon (191c), ainsi que dans le *De anima* d'Aristote (429b-430a), l'esprit est comparé à une tablette écrite, selon une image qui réapparaît dans la philosophie moderne. Pour une histoire de cette représentation de l'esprit, je me permets de renvoyer à mon *Estetica razionale*, Milan, Rafaelle Cortina, 1997, p. 227 sq.

l'objectivité : elle la rend possible, puisque le Moi ne consiste pas en un faisceau désordonné de sensations, mais en un principe d'ordre, muni des deux formes pures de l'intuition, l'espace et le temps, et des douze catégories, au nombre desquelles il faut compter la « substance » et la « cause » qui constituent les véritables sources de ce que nous appelons l'« objectivité ». La révolution copernicienne à laquelle Kant doit son succès philosophique nous dit donc ceci : *au lieu de nous demander ce que les choses sont en elles-mêmes, demandons-nous ce qu'elles doivent être pour que nous puissions les connaître*[8].

Il n'est toutefois pas inutile de se demander comment Kant a pu s'engager dans une voie aussi héroïque que difficile et pourquoi, au fond – loyal sujet d'un despote éclairé, le Roi de Prusse, qu'il lui arriva même de louer pour l'un de ses poèmes[9] – il lui a fallu faire une révolution. Les motifs qui l'y conduisirent ne semblent pas aussi évidents que ceux dont les révolutions politiques modernes sont issues. Et pourtant, d'un point de vue conceptuel, ils ne semblent ni moins puissants ni moins convaincants.

Il se trouve simplement que Kant n'avait pas le choix, dans la mesure où la philosophie de son temps semblait avoir réellement atteint son terme, oscillant entre un empirisme aveugle et un rationalisme vide, et à tel point que l'un des slogans kantiens les plus célèbres : « les pensées sans contenu sont vides, les intuitions sans concept sont aveugles[10]», théoriquement des plus discutables (comme nous ne cesserons de le vérifier), donne une représentation exacte, pour l'histoire de la philosophie, de la situation à laquelle Kant a tenté d'apporter un remède. Il nous faut donc, pour commencer, nous efforcer de voir quelles étaient les forces en présence sur la scène philosophique de la seconde moitié du dix-huitième siècle.

LES RATIONALISTES ET LA BIBLIOTHÈQUE DE BABEL. Les rationalistes, professeurs allemands pour une large part, étaient

8. B XVI-XVII.
9. E. Kant, *Critique de la faculté de juger* (1790), trad. fr. A. Philonenko, Paris, Vrin, § 49 (Ak V, p. 315-316), 1986.
10. A 51 / B 75.

des disciples de Gottfried Wilhelm Leibniz (1646-1716),
grand esprit conciliateur qui mit ses capacités à l'épreuve en
voulant accorder catholiques et protestants, en détournant
Louis XIV de ses visées sur l'Allemagne en faveur d'un projet
de conquête de l'Égypte[11], et plus directement en réconciliant
la philosophie moderne, née avec le cartésianisme (1596-
1650), et la scolastique de source aristotélicienne. Cet ultime
projet ayant été le seul à se voir couronné de succès, le rationalisme s'identifia dans une large mesure avec la *Schulphiloso-
phie*, une version de la scolastique médiévale mise à jour grâce
à de fortes doses de cartésianisme.

L'idée fondamentale des rationalistes est que nous devons
nos connaissances à des concepts. Savoir ce qu'est un objet
revient à pouvoir en énumérer les caractéristiques : l'âme est
une chose non étendue, le corps une chose étendue, le chien
est un quadrupède domestique qui ne possède pas d'âme.
Dans cet esprit, composer un livre de métaphysique consiste
grosso modo à fournir des définitions, de manière ordonnée,
pour les combiner ensuite sous une forme rationnelle, c'est-à-
dire de manière à ce que n'y entre aucune contradiction.
Grâce à l'assemblage systématique des concepts, il est possible
de réaliser un rêve conçu au Moyen Âge à partir de Raymond
Lulle (1232-1316) puis remis en circulation à la Renaissance
et à l'époque de Descartes, celui d'un *art combinatoire* qui, précisément, à travers la simple composition des concepts – c'est-
à-dire, au bout du compte, des mots – apporte la promesse
d'une connaissance universelle[12].

Comment fonctionne un art de ce genre ? Et, avant toute
chose, fonctionne-t-il ? Imaginons que nous devions faire tenir
en équilibre plusieurs anges assis sur la tête d'une épingle.

---

11. Le Roi Soleil ne tomba toutefois pas dans le piège. L'entreprise
sera renouvelée, à un siècle de distance, par Napoléon.
12. Paolo Rossi, *Clavis universalis: arti della memoria e logica combinatoria
da Lulla a Leibnitz*, Milano, Ricciardi, 1960 ; 2ᵉ éd., Bologne, Il Mulino,
1983 [trad. fr. *Clavis universalis. Arts de la mémoire, langue universelle et logique combinatoire de Lulle à Leibniz*, Grenoble, Jérôme Millon, 1993].

Eventuellement des millions, puisque les anges – comme nous l'apprend le dictionnaire – n'ont pas de corps et sont de purs esprits. La réponse est immédiate : des anges sur une épingle, nous pouvons en avoir autant que nous voulons, autant que de lignes passant par un même point. Si quelqu'un devait objecter n'avoir jamais vu un ange, nous lui répondrions que c'est bien évident, précisément parce que les anges, privés d'extension, échappent à toute possibilité d'être vus. Il ne s'agit pas d'une boutade, ni d'une manière de parler. On doit à Leibniz la théorie selon laquelle le monde réel, celui dans lequel César a franchi le Rubicon et dans lequel John Lennon a été tué par l'un de ses fans, ne représente qu'une possibilité réalisée parmi d'autres, ce pourquoi il appartient à une métaphysique complète de prendre en charge toutes les possibilités qui se révèlent non contradictoires[13].

Kant détestait cette manière de travailler. C'était un homme curieux de sciences et de voyages, bien qu'il n'ait jamais bougé de Königsberg et de ses environs immédiats, et il ne pensait pas que les dictionnaires accroissent notre connaissance. Il avait en outre hérité d'une antipathie pour l'intellectualisme leibnizien de son professeur de philosophie, Martin Knutzen (1713-1751), critique précoce de l'hyper-rationalisme. C'est pourquoi, dans sa contestation des leibniziens, il accuse ces derniers de développer et d'entremêler des définitions purement nominales, avec cette conséquence de faire de leur métaphysique, dans le meilleur des cas, un dictionnaire, et dans le pire des livres de science-fiction nés de pures compositions de mots.

Dans un récit célèbre, *La bibliothèque de Babel*[14], Jorge Luis Borges (1899-1986) a illustré le mélange pervers pouvant résul-

13. G.W. Leibniz, *Essais de Théodicée sur la bonté de Dieu, la liberté de l'homme et l'origine du mal*, Paris, GF-Flammarion, 1969 (1710). Dans ce climat philosophique, Cyrano de Bergerac qui, aussi étrange que cela paraisse, a aussi été un personnage réel et un philosophe, avait commencé à écrire des livres (*Les États et empires de la lune*, 1657, et *Les États et empires du soleil*, 1662) dans lesquels on raisonnait sur les mondes possibles pour relativiser le nôtre. L'histoire littéraire le considère comme le premier romancier de science-fiction.

14. J.-L. Borges, *Fictions*, trad. fr. de Roger Caillois, Nestor Ibarra, Paul Verde-

ter de l'alliance entre l'idée que le réel ne constitue que l'un des modes selon lequel se manifeste la possibilité[15] et le rêve d'un art combinatoire destinée à spéculer sur les hypothétiques avantages des promesses cognitives consistant à assembler, de manière purement formelle, les ressources infinies du possible. Dans cette immense bibliothèque qui comprend toutes les combinaisons de l'alphabet, mêlées à des livres infinis dépourvus de sens, on trouve *tout*, y compris ce que nous ignorons (par exemple, ce que pensait exactement César au moment où il a franchi le Rubicon, ou le nombre d'habitants que comptait Rome ce jour-là), ce qui constitue, certes, un avantage. Mais on trouve aussi le contraire de tout : César ne franchissant pas le Rubicon, Rome vaincue par Carthage, César grand-père d'Alexandre le Grand, Hitler en habit de philanthrope. Comme nous ne disposons d'aucun critère permettant de distinguer le vrai du faux, une telle bibliothèque est parfaitement inutile ; il vaudrait même mieux qu'elle n'existât point, puisque la majeure partie de ses lecteurs n'ont jamais eu le bonheur de trouver un seul passage réellement doté de sens[16].

Étant donné que nous ne nous trouvons pas dans la bibliothèque de Babel, Kant, pas plus que les autres critiques de Leibniz de la même époque[17], n'a pas pu trouver son inspiration

voye, Paris, Gallimard, « Folio », 1994. Les autres nouvelles auxquelles je me réfère également dans ce qui suit font partie de ce volume.

15. Notre monde ne serait alors que l'un des mondes parmi une infinité d'autres possibles : le meilleur au demeurant, pour cet optimiste invétéré que fut Leibniz.

16. « Tout le monde le sait désormais : pour une ligne raisonnable, pour une note correcte, il y a des multitudes de cacophonies insensées, de brumes verbales et d'incohérence. » Les possibles méfaits d'une métaphysique leibnizienne apparaissent également dans une autre nouvelle de Borges, « Tlon, Uqbar, Orbis Tertius ». Il imagine une copie défectueuse d'une encyclopédie dans laquelle des voix sont prêtées à des personnages et à des mondes inexistants ; celles-ci n'en sont pas moins tenues pour réelles par le lecteur, lequel est évidemment animé par une attitude de confiance à l'égard des textes et ne trouve en outre aucune invraisemblance dans les faits racontés. La question est alors : que sait-il alors de plus ou de moins des autres ?

17. G. Tonelli, *Da Leibniz a Kant. Saggi sul pensiero del Settecento*, éd. par C. Cesa, Napoli, Primsi, 1987.

chez Borges. Au cœur de son insatisfaction, il y a la question : comment faisons-nous pour distinguer le vrai du faux, si nous ne passons pas du monde du possible à celui du réel ? Et qu'est-ce que la réalité sinon, avant tout et en général, ce qui se rencontre dans l'espace et dans le temps ou, comme disait Hamlet, entre la terre et le ciel ? Pour Kant[18], il y a une sacrée différence entre les mathématiques et la physique, un écart que les leibniziens ont sous-estimé. Au moyen de simples combinaisons (Kant parlait de « constructions », mais il s'agit du même concept[19]) je peux aboutir à d'excellents résultats en mathématiques. Je prends un chiffre au hasard, par exemple 123, et je le multiplie par un autre, par exemple 321, et j'obtiens 39.483. Le résultat est exact, et il se répète toutes les fois que j'opère la multiplication.

Le problème, toutefois, est que la mathématique *n'est pas une connaissance*[20], car pour Kant la connaissance naît de la rencontre entre concepts et sensations, sous l'effet de quelque chose de physiquement réel. Avant cela on *pense*, chose magnifique, susceptible de nous procurer des résultats corrects, mais qui n'a rien à voir avec la connaissance, comme on peut aisément s'en convaincre en considérant la différence qu'il y a entre le fait de penser à une montre et celui d'en regarder une pour savoir l'heure qu'il est. On a une connaissance lorsqu'on sait, par exemple, combien des grains de blé il y a dans un sac (admettons qu'il y en ait 39.483), et non lorsqu'on multiplie 123 par 321. Or, les leibniziens ne s'en sont pas rendus compte, fourvoyés qu'ils étaient par la conviction qu'entre la sensibilité qui perçoit les choses et l'intellect qui les pense il n'y a aucun saut de niveau, mais une simple différence de clarté et de distinction[21]. C'est ainsi que les partisans du rationalisme se sont comportés en métaphysique comme en mathématique, c'est-à-dire en considérant comme vrai tout ce qui ne se révèle pas contradictoire.

18. A. Ferrarin, « Construction and Mathematical Schematism, Kant on the Exhibition of a Concept of Intuition », *Kant Studien*, 86, 1995, p. 131-174.
19. D. R. Lachterman, *The Ethics of Geometry. A Genealogy of Modernity*, New York, Routledge, 1989.
20. A 712 *sq* / B 740 *sq*.
21. Pour les leibniziens, les sensations sont généralement obscures ou claires, mais non distinctes (par exemple, nous voyons bien les

Au demeurant, d'un point de vue chronologique, rien ne s'oppose à ce que Bergson n'ait pas manqué une seule aventure de Flash Gordon (la contradiction se manifesterait dans le cas où l'on soutiendrait qu'il est devenu fou de Dylan Dog*). Simplement, ce n'est pas vrai ou, plus exactement, nous l'ignorons. Aussi ne pouvons-nous forger une théorie sur une telle base, en formulant des conjectures à ce point loufoques au regard desquelles la mathématique se révèle claire et intuitive, là où les concepts le sont beaucoup moins dès lors qu'ils ne renvoient pas à des objets concrets[22] ou – et c'est alors pire que de marcher dans la nuit – à des notions abstraites. Par exemple, à quoi nous référons-nous exactement lorsque nous parlons de « liberté »? Kant observe à juste titre que la plupart des personnes, et au fond toutes, ne savent pas *exactement* ce qu'elles disent lorsqu'elles emploient ce mot aux contours tellement vagues[23].

Une règle de prudence pour ne pas faire ainsi courir la métaphysique à bride abattue consistera donc à ne pas confronter les concepts à d'autres concepts, mais, *dans la mesure du possible* (et il n'en va évidemment pas ainsi dans tous les cas), à les confronter à des objets. Si tel est le remède, la juste voie semble être celle des empiristes, et c'est au meilleur empiriste de son temps, David Hume (1711-1776), que Kant reconnaît le mérite de l'avoir éveillé de son « sommeil dogma-

---

couleurs, mais nous n'en connaissons pas exactement l'intensité), tandis que les pensées sont claires et distinctes. Si une sensation devait également devenir distincte (ce qui, quoique peu fréquent, n'en est pas moins possible : je vois un triangle de mes yeux et je pense qu'il a trois côtés), pour les leibniziens il s'agirait alors d'un concept.

*. N.d.t. Personnage d'une célèbre bande dessinée italienne.

22. Par exemple, quelle est exactement l'extension du concept de « téléphone »? Si, j'installe un modem sur mon ordinateur, je peux téléphoner. Pourquoi n'inclurai-je pas, dès lors, mon ordinateur dans la classe des téléphones?

23. Les limites du mot « liberté » reviennent peut-être à ceci que celui qui répond à la question : « Es-tu libre ce soir? » en disant : « Non, je suis l'esclave d'une fatalité aveugle » ne parlerait pas de la même chose. Mais nous n'en savons pas tellement plus.

tique[24]», dans lequel étaient plongés également une majorité de professeurs allemands.

LES EMPIRISTES ET IRÉNÉE FUNES. L'idée de fond des empiristes était en fait que toute notre connaissance provient des sens (dans le monde, ce que nous rencontrons, ce sont des sensations, non des concepts), et que l'on peut, par conséquent, se dispenser sans dommage de la métaphysique comme organisation purement conceptuelle. Nous disposons du concept de «cause», par exemple, mais s'il ne nous était jamais arrivé de voir – supposons – une fenêtre qui, en s'ouvrant, fait tomber un vase, nous n'aurions jamais rien conçu comme une cause, pas plus que nous n'aurions intégré ce mot à un dictionnaire. Ou bien nous soutenons que l'espace a trois dimensions : la longueur, la hauteur et la largeur ; pourtant, si nous avions grandi dans des conditions de privation sensorielle, nous aurions beaucoup de mal à concevoir des concepts comme ceux de «hauteur» ou de «largeur». Pour ne rien dire de la profondeur, encore moins évidente pour qui est privé de sens et qui exige une expérience supplémentaire : l'homme que nous voyons grand de près était un point à l'horizon, et si nous n'étions pas allés à sa rencontre, il ne nous serait jamais venu à l'idée que, outre la longueur et la largeur, il y a le proche et le lointain, c'est-à-dire la profondeur.

La morale des empiristes consiste donc à soutenir que ce n'est pas seulement chronologiquement (comme Kant continuera de l'admettre), mais en termes absolus, que la totalité de notre connaissance vient, non pas des concepts, mais de l'expérience sensible, laquelle se stratifie grâce à l'habitude et au raisonnement. Les concepts ne sont qu'une façon rapide et souvent trompeuse de la codifier : la substance n'existe pas, il s'agit de la simple conjecture d'un substrat qui subsisterait

---

24. E. Kant, *Prolégomènes à une métaphysique future qui se présenterait comme une science* (1783), trad. fr. J. Gibelin, Paris, Vrin, 1965, Préface (Ak IV, p. 260).

indépendamment de ses accidents[25]; la cause ne constitue pas un principe; on la doit seulement à ceci qu'il nous arrive souvent de constater qu'un événement succède à un autre et de penser que le premier détermine le second[26]; le Moi est un pur faisceau de sensations, et non la substance inétendue de Descartes[27]; des trois dimensions de l'espace, l'une au moins: la profondeur, dérive de l'expérience[28].

Le problème que les empiristes ont eu du mal à cerner est que l'on peut, certes, sans la métaphysique, faire un bout de chemin, mais on ne peut pas aller bien loin, et si la cause, la substance, l'espace et le Moi doivent être tenus pour de purs résultats de notre expérience, alors la philosophie, la science et probablement la morale elle-même ne peuvent que s'évanouir, car c'est alors le monde entier qui s'effrite entre nos mains. Pour un empiriste radical, tout est vain, au moins sur le long terme, et l'empirisme apparaît alors comme l'antichambre du scepticisme, car si l'empirisme a raison il est vain de s'interroger sur la nature des choses, lesquelles changeront tôt ou tard, si bien qu'entre les lois de la physique et les horaires de chemins de fer, il n'existe plus aucune différence de fond. Tels sont les problèmes qui hantent traditionnellement le relativisme, qui n'a pas nécessairement besoin d'une justification de ce genre[29]. Dans le cas des empiristes des dix-septième et dix-huitième siècles, la difficulté majeure était triple: la certitude; le passage des sensations particulières aux idées

25. John Locke, *Essai philosophique concernant l'entendement humain* (1689), tr. fr. J.-M. Vienne, Paris, Vrin, 2001, Livre II, chap. XXIII.
26. D. Hume, *Traité de la nature humaine* (1739-1740), tr. fr. par Philippe Saltel, Philippe Baranger, Paris, GF-Flammarion, 1995, Livre I, 3ᵉ partie, section II.
27. *Ibid.*, Livre I, 4ᵉ partie, section VI.
28. G. Berkeley, *Théorie de la vision* (1709), trad. fr. de Martial Gueroult, Paris, Aubier-Montaigne, 1992, § 3.
29. Les postmodernes de la fin du vingtième siècle n'étaient pas tout à fait des empiristes, mais de fervents rationalistes, et pourtant nous n'en avons pas fini avec les difficutés engendrées par le refus de la métaphysique. Par exemple, s'il n'existe aucune réalité externe et distincte de nos concepts, quel sens cela a-t-il de parler de « connaissance »?

générales, et le rapport entre les idées et les choses auxquelles elles se réfèrent. La question de la *certitude* constitue le point le plus délicat. Une dinde, en se fondant sur sa seule expérience, peut conclure que chaque fois que le fermier arrive elle mangera, mais un jour viendra, en revanche, où le fermier lui tordra le cou. Dans la mesure où, pour les empiristes, toute notre connaissance est inductive, nous nous trouvons tous, dans les grandes choses comme dans les petites, dans la situation de la dinde : les lois aux termes desquelles le fait d'appuyer sur l'interrupteur nous permet d'allumer la lumière trouve sa limite en ceci que l'ampoule finira par griller. En toute rigueur, nous devrions nous demander si demain le soleil se lèvera (en effet, tôt ou tard, cela se produira); dans des conditions de ce genre, l'astronomie serait une science somme toute incertaine ou au mieux d'une probabilité à peine supérieure à l'astrologie. Pour les empiristes, un tel effet ne peut certes être tenu pour entièrement indésirable, car il répondait à des motivations subtilement anti-scientifiques destinées à préserver un espace propre à la philosophie, mais il n'a rien de très enthousiasmant.

Le problème des *idées générales* se révèle moins grave du point de vue pratique, bien qu'il entraîne une série d'obstacles théoriques. Les empiristes ne nient pas que, outre l'impression sensible de ce chien, nous possédons aussi l'idée du chien, qui s'applique à plusieurs exemplaires, se réfère à des chiens petits et grands, silencieux ou aboyant, immobiles ou en mouvement. Comment parvient-on, toutefois, de l'impression à l'idée ? On pourrait dire : par une sorte de mélange qui rend la perception plus vague – un « affaiblissement », écrit Hume – et la combine avec d'autres : d'un chien on prend le museau, d'un autre la tête, etc.[30] C'est ce qui explique que, en plein dix-neuvième siècle[31], dans le prolon-

---

30. Sur ce point, voir le chapitre 9.
31. Pour plus de précisions, Sir Francis Galton (1822-1911), géographe, météorologue, explorateur tropical, fondateur de la psychologie différentielle, inventeur de l'identification au moyen d'empreintes digitales, pionnier de la statistique et parent éloigné de Darwin.

gement de cette intuition, on se soit mis en quête d'idées générales en superposant une multitude de négatifs photographiques afin d'obtenir ainsi le délinquant moyen ou le représentant moyen de la famille royale britannique. Il est clair, toutefois, qu'à partir de tels fondus, on peut obtenir n'importe quoi : un chien, certes, mais aussi un ours ou un hippopotame, le Victorien moyen ou Jack l'éventreur. Si l'on devait en outre imaginer quelqu'un doté d'une mémoire exceptionnelle, à l'image d'Irénée Funes, le héros d'une autre nouvelle de Borges, il ne parviendrait jamais à des idées générales : il possèderait une idée pour chaque impression singulière, c'est-à-dire non seulement pour cette feuille à 11 h 05 du matin, mais aussi pour la même feuille à 11 h 06, et il pourrait se souvenir de chacun des instants du jour précédent, à ceci près qu'il lui faudrait pour cela toute une journée.

Bien qu'ils ne se confondent point avec Funes, il manque aux empiristes quelque chose qui leur a été souvent légitimement[32] reproché, et qui concerne le rapport entre les *idées* et les *choses*. À s'en tenir à leur perspective, nous n'avons finalement jamais affaire qu'à des idées, dans la mesure où les sensations singulières se transforment subitement en quelque chose de plus faible et de plus général. Par exemple, ce n'est pas à une épingle que nous avons réellement affaire, mais à l'*idée* de l'épingle. Toutefois, qu'y a-t-il de commun entre l'épingle et l'idée de l'épingle ? Par exemple, ce qui n'est pas rien, l'idée de l'épingle ne pique pas, tout comme l'idée de téléphone ne téléphone pas. Animés, au départ, par l'intention d'être plus concrets que les rationalistes, les empiristes risquent fort de ne trouver dans leurs mains qu'une poignée de mouches (qui ne volent pas, puisque ce ne pas des mouches, mais des idées de mouches).

REFONDER LA MÉTAPHYSIQUE EN RENVERSANT LA PERSPECTIVE. Dans ce panorama peu enthousiasmant – et d'autant plus pro-

---

32. Th. Reid, *Essays on the Active Powers of the Human Mind an Inquiry into the Human Mind on the Principle of Common Sense* (1764), Whitefish, Kessinger Publishing, 2005.

blématique que nous avons affaire à des philosophes de premier ordre – les physiciens, c'est-à-dire les scientifiques qui désormais ne se sentent plus philosophes, commencent imperturbablement à démonter des convictions demeurées inchangées depuis l'Antiquité en disqualifiant la métaphysique aux yeux du public. D'où le détonateur de la révolution de Kant. De nombreux auteurs[33] ont insisté sur le caractère malgré tout trop formaliste (et donc rationaliste) de sa perspective ; d'autres, au contraire[34], ont voulu y voir une issue germanique à l'empirisme. Il ne s'agit toutefois ni d'une chose ni de l'autre, mais d'une réhabilitation de la métaphysique à travers la physique dont ni les rationalistes ni les empiristes n'avaient jamais eu l'idée. Nous pouvons le vérifier rapidement.

Une génération plus tôt, Voltaire (1694-1778), prêtant sa voix au sens commun, avait fait la satire des doctes et des métaphysiciens persuadés de vivre dans le meilleur des mondes possibles, que rien ne se fait sans raison et que les Chinois et les Mexicains parlaient originellement la même langue. Des personnages comme le Don Ferrante des *Fiancés* d'Alessandro Manzoni, qui, après avoir conclu que l'épidémie n'est ni substance ni un accident, meurent de la peste en maudissant les étoiles comme un héros du Métastase. Si ce genre de satire a eu autant de succès, c'est parce que, au même moment, Galileo Galilei (1564-1642) et Isaac Newton (1642-1727) ont illustré les vrais principes de la philosophie de la nature, en combinant de façon convaincante hypothèses conceptuelles et observations empiriques, c'est-à-dire en faisant précisément converger ce qui, dans le cas du rationalisme et de l'empirisme, se révélait complètement opposé. La conclusion de Voltaire consistait à montrer que la métaphysique n'était, à peu près comme l'art divinatoire, qu'une superstition dont il convenait de prendre congé.

Kant, pour sa part, s'est montré beaucoup plus modéré, non seulement à l'égard du monde (comme le lui reprochera

---

33. Depuis Hegel et au-delà. Cf. G.W.F. Hegel, *Foi et savoir* (1802), tr. fr. de Alexis Philonenko, Claude Lecouteux, Paris, Vrin, 1988.

34. Par exemple, J.H. Paton, *Kant's Metaphysics of Experience* (1936), London, George Allen & Unwin, New York, The Humanities Press, 1965.

Hegel), mais surtout de la métaphysique. Il a certes comparé ce qu'il appelait « les rêves de la métaphysique » avec ceux d'un visionnaire de son temps, Emmanuel Swedenborg (1688-1772), en montrant ce qui les apparentait[35]. Et comme nous l'avons vu, il était allé jusqu'à reconnaître à Hume le mérite de l'avoir éveillé de son sommeil dogmatique. Mais il ne croyait pas, et pour d'excellentes raisons, que l'on pût se passer de la métaphysique. L'expérience peut fournir des réponses à un grand nombre de questions : si l'on veut connaître le goût d'un ananas, il suffit d'en déguster un. Quelques-unes peuvent venir de la science, comme la cause des marées ou des allergies. D'autres non : il n'existe pas une seule expérience scientifique susceptible de nous dire si l'attaque des Twin Towers a constitué un événement ou deux[36] et, ce qui est bien plus grave, si nous sommes libres ou ne le sommes pas. Les conséquences ne sont pas sans importance car, si l'attaque doit être considérée comme un double événement, l'assurance devra payer le double et si nous ne sommes pas libres, l'idée de punir ou de récompenser quelqu'un apparaîtra pour le moins bizarre.

Sur la question de la liberté, comme sur celle de l'existence de l'âme ou de Dieu, Kant ne se prononce pas, ou plutôt il soutient que, si le monde humain doit avoir un sens, il est préférable d'y croire. En revanche, s'agissant des objets physiques, sa stratégie relève d'un changement de perspective. Le naïf regarde le coucher du soleil et en conclut qu'il tourne autour de la terre ; le spécialiste (le physicien copernicien) sait que c'est la terre qui tourne autour du soleil. Le naïf – qu'il soit rationaliste ou empiriste – regarde le monde et croit y voir les choses telles qu'elles sont en elles-mêmes ; le spécialiste (le philosophe transcendantal) sait que nous les voyons telles qu'elles nous apparaissent.

Quel avantage en tire le spécialiste ? D'un côté, il ne se compromet pas plus que les rationalistes sur tout ce qui

35. E. Kant, *Rêveries d'un visionnaire*, tr. fr. de W. Riese et A. Requet, Cahors, 1936, (Ak II, p. 315-368).

36. R. Casati, « Tori gemelle. Un evento o due ? » *Il Sole 24 Ore*, 13 octobre 2002.

échappe à l'expérience ; de l'autre, il se révèle moins évasif (et pour finir muet) que les empiristes sur les choses qu'il nous importe de savoir. Il semble évident que, dans toute connaissance, nous mettons beaucoup de nous-mêmes, parce que les objets doivent s'adapter à nous, au moins dans une certaine mesure (nous ne percevons pas les sons que perçoivent les chiens et nous ne voyons pas les rayons infrarouges), et nous pouvons donc admettre un certain nombre de principes indépendants de l'expérience, et qui lui sont antérieurs. Comme nous l'avons indiqué, et comme nous le verrons mieux dans le chapitre suivant, ces principes sont essentiellement au nombre de cinq : le Moi, la cause, la substance, l'espace et le temps. Mais cela ne signifie pas (contrairement à ce que croient les rationalistes) que le seul fait de *penser* une chose nous la fait connaître. Il faut y ajouter les contenus tirés de l'expérience. Tel est le sens de la révolution copernicienne[37] – une révolution silencieuse qui se limite à un *renversement* de perspective – à laquelle Kant s'est rallié assez tard, autour de 1770[38], alors qu'il avait déjà quarante-six ans.

L'élaboration complète de la philosophie critique se poursuivra avec la *Critique de la raison pure* (1781), la *Critique de la raison pratique* (1788) et la *Critique de la faculté de juger* (1790). Ce que voulait Kant, exactement, on ne l'a jamais compris et il ne le savait probablement même pas lui-même. En particulier, on ne comprend pas très bien s'il se proposait de réformer la métaphysique ou de l'ensevelir à jamais, et si les trois *Critiques* constituent des traités se suffisant à eux-mêmes, comme il le prétend parfois[39] ou si elles ne constituent qu'une propédeutique à un système complet, à réaliser ensuite de ses propres mains ou par d'autres que lui[40].

---

37. E. Bencivenga, *La rivoluzione copernicana di Kant*, Torino, Bollati Boringhieri, 2000.

38. E. Kant, *De mundi sensibilis atque intelligibilis forma et principiis* (1770) ; *La Dissertation de 1770*, tr. fr. Arnaud Pelletier, Paris, Vrin, 2007 (éd. bilingue).

39. Par exemple dans la Préface de la *Critique de la faculté de juger*.

40. B. XLIII.

Comme l'a observé le philosophe britannique John L. Austin (1911-1960), à propos d'Aristote, il y a, chez tout grand philosophe, « un lieu pour l'affirmation » et « un lieu pour la négation », ce qui est probablement lié à la nature particulière de cette activité étrange qu'est la philosophie. Il est clair que dans ses cours Kant ne traite jamais de la philosophie transcendantale – qu'il expose ou du moins introduit dans les trois *Critiques* – et que celle-ci se présentent comme une tentative de répondre à trois questions : que pouvons-nous savoir ? Que nous est-il permis d'espérer ? Que devons-nous faire ? (Avec une quatrième, dans *L'Anthropologie d'un point de vue pragmatique* : Qu'est-ce que l'homme ?[41])

Cette tentative a été poursuivie à travers l'examen de ce que Kant considère comme les trois facultés majeures de l'être humain : la faculté de connaître (*Critique de la raison pure*), la faculté de désirer, c'est-à-dire de faire ou de ne pas faire quelque chose (*Critique de la raison pratique*), la faculté d'éprouver du plaisir ou du déplaisir, ou de jouir ou non comme sujet passif d'un objet ou d'une idée (*Critique de la faculté de juger*). Dans chacune de ces facultés interviennent, dans une mesure et selon des combinaisons diverses, les principales ressources de l'être humain – la sensibilité, l'entendement et la raison – auxquelles Kant ajoute toutefois l'imagination, destinée à jeter un pont entre la sensibilité et l'entendement. Il s'agit, plus ou moins, des grands divisions de la psychologie philosophique depuis Aristote et chez ses successeurs : la sensibilité reçoit les stimuli externes, l'imagination les conserve, l'entendement les élabore et la raison (qui correspond *grosso modo* à l'entendement actif de la psychologie aristotélicienne) détermine les fins de notre comportement.

C'est la raison, surtout, qui caractérise l'être humain, en ce qu'elle est la capacité de poser des fins, de répondre à des questions qui vont de « que ferons-nous ce soir ? » à « qu'est-il juste de faire ? » ; aussi Kant définit-il la philosophie comme la « téléologie de la raison humaine » ou comme l'individuation des fins ultimes. Conformément à cette formulation, Kant

---

41. E. Kant, *Anthropologie d'un point de vue pragmatique* (1798), tr. fr. M. Foucault, Paris, Vrin, 1970.

privilégie la faculté de désirer, c'est-à-dire la réponse qu'il nous faut donner à la question de savoir comment nous devons agir dans cette vie, et si cela a un sens de s'attendre à une récompense ou à un châtiment dans une autre. Aussi a-t-il également écrit une *Critique de la raison pratique*. La *Critique de la faculté de juger* a joué un rôle important, d'un autre côté, quoique étrange (dans la mesure où il ne s'agit pas d'une philosophie de l'art[42]) dans la naissance de l'esthétique philosophique. Mais l'œuvre de grande ampleur la plus influente, à la fois parce qu'elle est la première et parce qu'elle a correspondu à la révolution copernicienne, reste la *Critique de la raison pure*, c'est pourquoi j'ai décidé de la privilégier (ou mieux d'en éclairer la partie la plus importante à mon avis) dans ce petit livre.

Notre thème de fond étant celui de la révolution copernicienne, nous nous proposons donc d'isoler les thèses fondamentales de Kant (chapitre 2), pour montrer ensuite ce qu'il a hérité de la tradition (chapitre 3), ce qu'il a inventé (chapitre 4) et où il fait erreur (chapitre 5). Les chapitres 6, 7 et 8 détaillent les thèses fondamentales, sans les affronter de face, par des théories alternatives, mais plutôt en les appliquant à la lettre ou en considérant comme bonne l'idée de Kant que ce sont des principes valides non seulement pour la science, mais aussi pour l'expérience : le chapitre 9 s'efforce de démontrer l'engrenage sophistiqué qui sous-tend les thèses ; le chapitre 10 présente l'évolution de Kant après la première *Critique* ; le chapitre 11 tire un bilan de la révolution, de ses effets immédiats et de son héritage, de ses mérites et de ses martyrs. Certains de ces chapitres développent l'argument principal, d'autres l'intègrent à des développements théoriques ou à des intégrations historiques, et c'est pour mettre en garde le lecteur pressé que je les ai intitulés « approfondissements ».

---

42. Pour une discussion sur ce point, je me permets de renvoyer à nouveau à mon *Estetica razionale*, Milano, Rafaelle Cortina, 1997.

2. Les thèses fondamentales

LE SCHÉMA DE L'ŒUVRE. Ouvrons la *Critique de la raison pure*. La distribution des arguments proposés par Kant se révélant passablement désordonnée ou en tout cas peu harmonieuse[43], il peut se révéler utile de recourir à un schéma (le sigle KrV désignera la *Kritik der reinen Vernunft:* la *Critique de la raison pure*).

KrV	Éléments	Esthétique	
		Logique	Analytique
			Dialectique
	Méthode		

Comme on le voit, le livre se divise en deux sections très inégales, tant par leur articulation que par leur étendue : les *Éléments* et la *Méthode*. Les *Éléments* décrivent les parties dont se

43. La philologie kantienne, entre le dix-neuvième et le début du vingtième siècle, n'a cessé de se creuser la cervelle pour expliquer les raisons d'un tel désordre dans l'œuvre d'un homme aussi intelligent. Cela pour en venir à la conclusion, presque unanime, que, après dix années de labeur, au bout du rouleau, Kant avait fini par assembler tant bien que mal les différentes pièces du manuscrit. Cette hypothèse : la « théorie du rafistolage » semble trouver sa confirmation dans la distibution hétérogène des différentes parties.

compose notre faculté de connaître et, *en même temps* – nous
verrons bientôt l'importance de ce point – les objets qui peuvent – ou ne peuvent pas – être connus. Cette section est à son
tour composée de l'esthétique (qui traite de la sensibilité, du
grec *Aisthesis*) et de la logique (qui s'occupe de l'entendement, *logos*), subdivisée en analytique (ce que nous pouvons
connaître[44]) et en dialectique (ce que nous ne pouvons pas
connaître, ne constituant pas des objets de vérification sensible). La Méthode expose le mode selon lequel nous devons
procéder pour organiser notre connaissance. Mais de quoi ce
livre parle-t-il exactement et quelles thèses défend-il ? L'idée
de fond est qu'il s'agit de notre vie, c'est-à-dire avant tout de
ce que nous rencontrons dans le monde extérieur, lorsque
nous ouvrons les yeux et sortons dans la rue.

MÉTAPHYSIQUE DE L'EXPÉRIENCE. Que rencontre-t-on exactement dans la rue ? Il n'y a pas que des automobiles et des pié-
tons, mais pour un philosophe transcendantal, il y a avant
tout des *structures*: l'espace, le temps, les substances, les causes. La chose la plus proche de nous, c'est-à-dire l'expérience
(et non pas le Moi, comme le croit Descartes et aussi un peu
Kant) se révèle très difficile à saisir : le simple journal de ce
qui nous arrive est trop inconsistant et d'un médiocre intérêt ;
l'explication des structures profondes qui, en nous et en
dehors de nous, sont à la base de notre expérience, pourrait
être trop. Il s'agit de trouver un équilibre, et rien ne dit que
Kant y ait réussi ; au contraire, il s'est probablement trop pen-
ché sur le plan de l'*explication* par rapport à celui de la *description*. En quel sens ?
    Dans un livre célèbre[45], le philosophe britannique Peter
Strawson (né en 1919) soutient que la *Critique de la raison pure*
isole les réquisit minimaux nécessaires à une expérience, en

44. L'Analytique aussi se compose de deux parties : l'analytique des
concepts et l'analytique des principes. Comme nous le verrons dans le
chapitre 9, toutefois, il s'agit d'un processus unitaire et qu'il convient de
traiter comme tel.
    45. P. F. Strawson, *The Bounds Of Sense: An Essay On Kant's Critique Of
Pure Reason*, London, Roudledge, 1975.

mettant à nu la compréhension de ce noyau central de la pensée humaine moins sophistiqué qui constitue la trame fondamentale de notre rapport au monde. Une métaphysique de l'expérience, précisément, concentrée dans l'Analytique. Strawson la résume en six thèses qu'il tient pour strictes et acceptables, en soutenant que la position adverse aboutirait à un idéalisme transcendantal auquel on pourrait difficilement souscrire, largement enfagotté à la dialectique. Voici les thèses que Strawson considère comme celle d'une bonne métaphysique : (1) L'expérience s'organise selon une succession temporelle qui (2) fait référence à une unité nécessaire de la conscience ; elle s'exerce sur des objets distincts de l'expérience que nous en avons, (3) lesquels se révèlent essentiellement de nature spatiale (4) et qui entrent dans un système d'unité spatio-temporelle cohérent (5) respectant les principes déterminés de permanence et de causalité (6). S'agit-il toutefois réellement d'une métaphysique de l'expérience ? Cela n'est pas dit.

En premier lieu, dans sa systématisation, Strawson s'emploie malgré tout à omettre les côtés les plus extrêmes de la théorie kantienne. Il s'agit certes d'un choix que l'on peut admettre lorsqu'on se propose de circonscrire, au sein de la philosophie transcendantale, un contenu minimal et raisonnable, avec toutefois le risque d'en obscurcir certaines implications qui, chez Kant, à l'inverse, se révèlent centrales, bien qu'elles n'entrent pas – comme nous l'avons vu – dans celle que Strawson définit, en s'y opposant de manière motivée, comme une « métaphysique transcendante. » Mais ce n'est pas le problème le plus important.

En se proposant d'élaguer ainsi raisonnablement la philosophie de Kant, Strawson veut faire de lui un métaphysicien descriptif, une sorte de phénoménologue de l'expérience ordinaire (selon une caractérisation sur laquelle je reviendrai plus longuement dans le chapitre 3), en ne censurant pas seulement la métaphysique transcendante qui parle de Dieu, de l'Âme et du Monde, mais en passant également sous silence la très forte dose de science avec laquelle Kant explique, plus qu'il ne décrit, l'expérience.

Je ne crois pas que cette direction soit la bonne, car la métaphysique transcendante apparaît après tout très raisonnable, puisqu'elle traite de Dieu, de l'Âme et du Monde, non pas comme objets, mais comme idées. En vérité, le Kant théoricien de l'expérience ne se comporte pratiquement jamais comme un métaphysicien descriptif, mais (et dans ce cas encore nous renvoyons à la caractérisation présentée au chapitre 3) en métaphysicien prescriptif, qui confond précisément science et expérience, croyant parler de celle-ci, alors que ce qu'il propose est une vision scientifique du monde.

À vouloir reconstruire la philosophie kantienne avec moins d'indulgence, il est donc nettement préférable de ne pas émousser de telles aspérités. À cette fin, on peut substituer aux six thèses de Strawson d'autres thèses un peu plus fortes, cinq de type ontologique – qui concernent ce qu'il y a – et deux de type gnoséologique – c'est-à-dire relatives à la connaissance que nous en avons – qui constitueront le cadre de mon exposé.

Si je parviens à démontrer qu'en vérité la *Critique de la raison pure* se résume à ces thèses, alors j'aurais aussi démontré mon argument de fond, à savoir que Kant semble offrir une théorie de l'expérience, alors que ce qu'il nous offre relève en réalité d'une théorie de la science, ou plus exactement qu'il confond ces deux niveaux. Un tel résultat peut sembler étrange et peu attrayant, mais il présente à mes yeux l'avantage d'illustrer de manière économique le noyau de la pensée de Kant, les raisons de son succès, ainsi que les motifs de sa relative obsolescence deux siècles après sa formulation.

LES CINQ THÈSES ONTOLOGIQUES. Cette prémisse étant posée, voici les cinq thèses.

1. La thèse de l'*espace*. «Au moyen du sens externe (une des propriétés de notre esprit), nous nous représentons des objets comme hors de nous et placés tous ensemble dans l'espace[46].» En d'autres termes, il existe une boîte, l'espace, doté de trois dimensions, qui contient tous les objets pourvus d'extension – des atomes aux galaxies – et les précède.

46. A 22 / B 37.

2. Thèse du *temps*. « La simultanéité ou succession ne tomberait pas elle-même sous la perception si la représentation du temps ne lui servait *a priori* de fondement[47]. » Il existe une autre boîte, le temps, qui comprend toutes les choses contenues dans celle de l'espace, outre d'autres objets plus évanescents (par exemple les souvenirs ou les attentes) qui sont dans le temps mais non dans l'espace, possédant une durée mais aucune extension.

3. Thèse de la *substance*. « La substance persiste dans tout changement des phénomènes et sa quantité n'augmente ni ne diminue dans la nature[48]. » Cette base invariante, nous ne la tenons pas de l'habitude : nous disposons d'un concept qui précède l'expérience, et qui nous permet de comprendre, par exemple, que l'eau, la glace et la vapeur représentent des états d'une même substance. Sans ce concept nous ne le pourrions pas.

4. Thèse de la *cause*. « Tous les changements se produisent suivant la loi de la liaison de la cause et de l'effet[49]. » Ici aussi, si nous ne savions pas, avant même toute expérience, que le feu provoque l'ébullition de l'eau, les sens, à eux seuls, ne seraient pas en mesure de nous en informer.

5. Thèse du *Moi*. « Le Moi pense doit pouvoir accompagner toutes mes représentations[50]. » Il existe un point inétendu et constant, semblable au *cogito* de Descartes, mais un peu plus riche, puisqu'il ne contient pas seulement le doute, mais aussi les quatre points précédents : l'espace, le temps, la substance et la cause. Chaque fois que nous avons une sensation ou une pensée, le Moi les enregistre et les rapporte à lui-même (*j'*ai chaud, *je* vois du rouge, *je* pense à Pégase ou à Napoléon). Que nous ne le fassions pas et l'expérience comme la pensée tomberaient dans le vide : c'est ce qui arrive en effet lorsque nous accomplissons une action sans y penser (par exemple, le fait de fermer la porte de la maison) et nous ne nous souvenons pas de l'avoir accompli.

47. A 30/ B 46.
48. A 182 / B 224.
49. A 189/ B 232.
50. B 131.

Chacune de ces thèses a sa cible : la thèse de l'espace et du temps visent Leibniz et Berkeley (1685-1753), qui considéraient l'espace et le temps comme résultant des rapports entre les objets, et non des formes *a priori* ; celle de la substance vise Locke (1632-1704), qui la considérait comme une construction mentale produite par l'habitude ; celle de la cause et celle du Moi visent Hume, comme nous l'avons déjà vu.

LES DEUX THÈSES GNOSÉOLOGIQUES. Les thèses ontologiques prennent appui, à travers le nœud de la thèse du Moi – qui est à la fois sujet connaissant, à la fois objet connu, et constitue même cet objet qui rend possible la connaissance de tous les autres – sur deux thèses gnoséologiques.

1. *La thèse des schèmes conceptuels.* « Les pensées sans contenu sont vides, les intuitions sans concepts sont aveugles[51]. » Kant a été le premier à soutenir la condition de l'expérience réside dans la possession de schèmes conceptuels (idéalisme transcendantal) ; il a été également probablement le premier – parmi les philosophes – à soutenir que n'existe[52] que ce qui existe dans l'espace et dans le temps (réalisme empirique). Le point crucial de la thèse des schèmes conceptuels, qui récapitule et rend possible les cinq thèses ontologiques, consiste en ce que les seuls yeux ne suffisent pas pour voir ; nous avons besoin de lunettes qui transforment les perceptions floues et désordonnées en expériences nettes et cohérentes. Ces lunet-

51. A 51 / B 75.

52. Kant dirait plus modestement qu'on ne « connaît » que ce qui existe dans l'espace et dans le temps. Mais ce qui est ainsi connu dans l'espace et dans le temps coïncide, pour lui, avec le réel ; tout le reste est seulement possible, c'est pourquoi il est légitime d'abréger et d'admettre que pour Kant (comme pour nous autres, du reste, selon le sens commun), « exister » signifie, du moins en un sens élevé, « être dans l'espace et dans le temps ». C'est ce que montrent les considérations sur le « possible », le « nécessaire » et le « réel » développées dans les Analogies de l'expérience, A 218 / B 266, et que nous examinerons dans le chapitre 9. Voir aussi le traitement des 100 thalers dans le chapitre 4.

tcs sont au demeurant les concepts, articulés à des jugements d'où sont déduites les catégories.
2. À cette thèse une autre est reliée, celle du *phénomène*, qui
résume à elle seule le sens de la révolution copernicienne. « L'objet indéterminé d'une intuition empirique
a pour nom *phénomène*[53]. » Ce n'est pas à des choses en
soi que nous avons affaire, mais à des objets qui nous
apparaissent à travers la médiation de l'espace et du
temps (les formes pures de l'intuition et les appareils
perceptifs qui les véhiculent), du Moi et des schèmes
conceptuels (c'est-à-dire des catégories). Toutefois, les
phénomènes ne sont en rien des apparences ; ils existent
avec autant de force que le Moi (qui, à son tour, n'est
connu que comme phénomène)[54].

OÙ SE TROUVENT-ELLES. Selon le tableau présenté au début
du chapitre, voilà la position des thèses substantielles dans le
texte de la *Critique de la raison pure*.

KrV	Éléments	Esthétique Espace Temps	
		Logique Je pense	Analytique Substance Cause
			Dialectique
	Méthode		

53. A 19 / B 33.
54. À la différence de ce qui se produit chez Descartes, pour qui le
Cogito est une chose en soi, parfaitement transparente à elle-même, bien
qu'elle soit privée de contenu.

Avant d'aller plus loin, il est toutefois utile de prendre connaissance de la dette de Kant à l'égard de la tradition antérieure, des innovations qu'il a apportées et de l'erreur de fond qu'il a commise, c'est-à-dire, précisément, sa confusion de la science et de l'expérience. Tels sont les objectifs des trois prochains chapitres. Celui qui est terriblement pressé et ne s'intéresse qu'à l'histoire principale peut passer directement au chapitre 6.

3. Choses héritées
(Approfondissements)

DU VIN NOUVEAU DANS DE VIEUX TONNEAUX. Quelle est la dette de Kant à l'égard de la tradition qui le précède ? Pour l'illustrer, nous tenterons de répondre à quatre questions.

1. S'il y a une métaphysique chez Kant et si oui quelle est-elle ?
2. Quels sont les modèles de la *Critique de la raison pure* ?
3. En quoi consiste la victoire de Kant ?
4. Quelles en sont les conséquences ?

LA MÉTAPHYSIQUE DE KANT. Considéré par ses contemporains comme le « Hume prussien[55] », Kant est entré dans l'histoire comme le fossoyeur de la métaphysique, en particulier si on la définit, sans trop de façons, par la « transcendance[56] ».

Pourtant, à supposer qu'il en soit ainsi, comment expliquer que Kant ait pu enseigner la métaphysique pendant trente bonnes années, tout en concevant et composant les trois *Critiques* ? Sur son activité d'enseignement, nous possédons d'abondants témoignages : l'édition kantienne réalisée par

---

55. « Je décapiterai Emmanuel Kant, Dieu/ Maximilien Robespierre, le Roi », écrivait Giosuè Carducci.

56. Ak, XXVIII et XXIX. Un ensemble dense de transcriptions des cours de métaphysique de Kant, traduit en anglais sur la base de l'édition de l'Académie, où l'on peut trouver toutes les définitions de « métaphysique » et d'« ontologie » utilisées par Kant est offert par K. Ameriks et S. Naragon dans leur livre : E. Kant, *Lectures on Metaphysics*, Cambridge, Cambridge University Press, 1992, p. 249-279.

l'Académie des Sciences de Berlin reproduit les cours de métaphysique recueillis par ses élèves[57], qui consistait essentiellement en commentaires de la métaphysique du leibnizien Alexander Gottlieb Baumgarten (1714-1762). Mais en quoi consistait la discipline qui faisait l'objet de ses cours ?

Il s'agit de la plus ancienne et de la plus vénérable des branches que compte la philosophie. Au IVe siècle av. J.-C., Aristote (384-322 av. J.-C.) avait parlé, dans certains de ses écrits, d'une « philosophie première », recueillant tous les principes les plus importants, communs à la science autant qu'au sens commun, et permettant de classifier la réalité, autrement dit, en quelque sorte, de dresser un catalogue ordonné du monde. Ces écrits furent rassemblés – en même temps que le reste de l'œuvre d'Aristote destinée à l'enseignement – au premier siècle avant Jésus Christ par Andronicos de Rhodes, un philologue qui les a baptisés « métaphysique » par commodité d'inventaire, en les classant après le livre sur la physique (*meta ta physika biblia*, « livres après la physique »). Enfin, au début du dix-septième siècle[58], la partie la plus générale du catalogue universel ébauchée par Aristote et développée par la Scolastique, c'est-à-dire la théorie de l'objet, sera appelée « ontologie », doctrine de l'être en général.

Pour Kant, comme nous le verrons mieux plus loin, l'ontologie rassemble ce qu'il y a entre la terre et le ciel, le domaine des objets accessibles dans l'expérience ; la métaphysique est ce qui le transcende[59]. Ces deux arguments sont au cœur de la *Critique de la raison pure*.

---

57. A. G. Baumgarten, *Metaphysica* (1757 : celle qu'utilisera Kant, mais la première édition date de 1739), rééd. Hildesheim – New York, Olms, 1982.

58. Pour être plus exact, en 1606, dans le sous-titre d'un livre de Jacob Lorhard, recteur du couvent de Saint-Gall, en Suisse, *Ogdoas Scholastica, Sangalli, apud Georgium Strave.*

59. Aujourd'hui, on tend plutôt à voir dans l'ontologie une doctrine qui traite des objets en général, tandis que la métaphysique constituerait une spécification relative à la nature de ces objets. Ici, toutefois, c'est l'usage de Kant qui est pris en compte. Pour une perspective théorique sur la situation actuelle de la question, voir K. Mulligan, « Métaphysique et ontologie », in P. Engel, *Précis de philosophie analytique*, Paris, PUF,

Il n'est en rien évident, toutefois, que la critique de la raison pure constitue une ontologie, et cela pour trois raisons au moins, deux qui dépendent de Kant lui-même, et la troisième de ses interprètes. Pour Kant en premier lieu, la métaphysique était comme une avancée à tâtons dans la nuit, a fortiori au milieu de simples concepts[60], et il considérait les métaphysiques de son temps comme des châteaux suspendus dans les airs[61]. En second lieu, « ontologie » était à ses yeux un nom trop prétentieux, auquel il convenait de substituer une analyse et une critique de la raison[62]. Enfin – et cela dépend de ses interprètes – la philosophie transcendantale nous a déjà été présentée au lycée comme quelque chose de tout à fait différent et de totalement nouveau, qui n'a rien à voir avec la tradition scolastique, médiévale et moderne.

Le fait de parler de « métaphysique » et d'« ontologie » chez Kant a-t-il dès lors un sens ? Oui, malgré tout, car s'il fallait y renoncer, il deviendrait encore moins clair de savoir ce qu'il s'efforçait de trouver. Dire que la métaphysique de son temps ne lui ait pas convenu, c'est peu de chose, mais on ne peut en douter. Il n'est pourtant pas difficile de constater à quel point la *Critique de la raison pure* porte en elle l'héritage du système et du vocabulaire des leibniziens (et donc, par leur intermédiaire, des scolastiques), tout en intégrant les divers traités sur la nature humaine des empiristes. Pour s'en convaincre, il convient de se tourner vers le sommaire de la *Critique de la raison pure*.

2000 ; A. C. Varzi, « Ontologia e metafisica », in F. D'Agostini et N. Vassalo, *Storia delle filosofia analitica*, Torino, Einaudi, 2002, p. 157-193 ; E. Berti, « Ontologia o metafisica ? Un punto di vista aristotelico », in C. Bianchi et A. Bottani, *Significato e ontologia*, Milan, Franco Angeli, 2003, p. 25-28. Pour une perspective historique, voir J.-F. Courtine, « Ontologie ou métaphysique ? », *Giornale di Metafisica* (1985), p. 3-24, ainsi que J. Ecole, « Une étape de l'histoire de la métaphysique : l'apparition de l'Ontologie comme discipline séparée », idem, *Autour de la philosophie Wolffienne*, Hildesheim-Zurich-New-York, Olms, 2001, p. 95-116.
    60. B XV.
    61. E. Kant, *Rêveries d'un visionnaire*, op. cit., 1ère partie, chap. 3 (Ak, II, p. 342).
    62. A 247 / B 303.

KrV	Éléments	Esthétique	
		Logique	Analytique
			Dialectique
	Méthode		

En tant qu'elle s'établit en continuité avec la métaphysique et avec l'ontologie, la structure de la Doctrine des Éléments (c'est-à-dire, comme cela apparaît dans le schéma, de la partie la plus importante de la *Critique de la raison pure*) reflète les divisions traditionnelles de la métaphysique[63], telles qu'elles avaient été formulées, à la fin du seizième siècle, par le jésuite espagnol Francisco Suárez (1548-1617)[64], et telles qu'elles avaient été reprises au dix-septième par le leibnizien Christian Wolff (1679-1754)[65]. L'Analytique correspond à la métaphysique générale, c'est-à-dire à l'ontologie, que Kant définit dans ses cours comme la doctrine qui « contient tous les concepts purs que nous avons *a priori* des choses[66]». La Dialectique, en revanche, correspond à la métaphysique spéciale,

---

63. H.-J. de Vleeschauver, *L'evoluzione del pensiero di Kant* (1939), tr. A. Fadini, Rome-Bari, Laterza, 1976.

64. F. Suàrez, *Disputes métaphysiques* (1597), tr. fr. par Jean-Paul Coujou, Paris, Vrin, 1998 (pour le Livre I, II, III). Pour la reconstruction de la formation de la métaphysique moderne, voir J.-F. Courtine, *Suárez et le système de la métaphysique*, Paris, PUF, 1990.

65. Ch. Wolff, *Philosophia prima, sive ontologia, methodo scientifica pertractata, qua omnis cogitationis humanae principia continetur*, 1729, éd. par J. Ecole, *Gesammelte Werke*, II, 3, Hildesheim-Zurich-New York, Olms, 1962. L'ontologie latine n'est pas traduite, mais la métaphysique l'est. Elle avait d'abord été écrite en allemand : *Metafisica tedesca. Pensieri razionali intorno a Dio, al mondo, all'anima dell'uomo e anche a tutti gli enti in generale*, tr. R. Ciafardone, Milan, Bompiani, 2003.

66. E. Kant, *Metaphysik L₂*, Ak 28.2, 1, p. 541.

autrement dit au développement rationnel, c'est-à-dire indépendant de l'expérience, de ces objets particuliers – en effet, Kant les considère plutôt comme des idées – que sont l'Âme, le Monde et Dieu. Qui lit l'Analytique a ainsi sous les yeux l'ontologie de Kant comme constructeur et non comme destructeur. Ce n'est pas un hasard si deux lecteurs influents et opposés de Kant du vingtième siècle, Strawson, mais aussi Martin Heidegger (1889-1976)[67] se sont précisément concentrés sur cette première partie. Je me réglerai sur leur exemple. C'est là que se concentre ce que Strawson a appelé, comme nous l'avons vu, la «métaphysique de l'expérience», et Heidegger, «l'analyse de l'être-là humain fini», ce qui est plus ou moins la même chose. La Dialectique correspond au contraire à ce que Strawson a appelé la «métaphysique transcendante» : le territoire sur lequel il n'y a pas lieu d'aller le cœur léger, sous peine de se retrouver à parler de choses qui n'existent pas, littéralement, ni au ciel ni sur la terre. Le domaine plus approprié qui lui correspond est celui de la morale, et son développement le plus cohérent se trouve dans la *Critique de la raison pratique*, c'est pourquoi j'en traiterai brièvement dans le chapitre 10.

Si cette interprétation semble acceptable (et je souhaite qu'elle le soit), alors l'ontologie de Kant, en tant que métaphysique générale, se révèle contenue dans la partie gris foncé du tableau qui suit, lequel complète celui qui a été présenté précédemment. Les parties en gris clair sont mixtes, c'est-à-dire propres tant à la métaphysique générale qu'à la métaphysique spéciale.

67. M. Heidegger, *Kant et le problème de la métaphysique* (1929), tr. fr. Alphonse de Waelhens et Walter Biemel, Paris, Gallimard, 1981.

| KrV | Éléments (de la connaissance et du monde) | Esthétique

Temps
Espace | |
|---|---|---|---|
| | | Logique
Je pense | Analytique
Substance
Cause |
| | | | Dialectique
Âme
Monde
Dieu |
| | Méthode
Comment utiliser les éléments | | |

Venons-en au troisième problème qui, comme nous l'avons dit, se pose dans une large mesure par rapport aux interprètes. Une objection évidente, très prisée chez les néo-kantiens du dix-neuvième siècle favorables à l'idée (qui se retrouve ensuite dans les manuels d'histoire de la philosophie devenus des lieux communs) de la *Critique de la raison pure* comme destruction de la métaphysique, est la suivante : en déplaçant l'attention de l'objet vers le sujet, Kant a introduit une coupure nette par rapport à la tradition antérieure, en inaugurant une conception de la philosophie comme théorie de la connaissance et non comme théorie de l'objet. La preuve la plus évidente de cette transformation consisterait précisément dans la déclaration de Kant selon laquelle sa philosophie est « transcendantale », c'est-à-dire traite des conditions *a priori* de la connaissance, et non, comme dans la vieille métaphysique, des objets connus.

Toutefois, sur ce point précisément, qui devrait marquer la césure entre le nouveau et l'ancien, se cache une continuité de fond. Le mot « transcendantal » sonne à nos yeux comme un vocable kantien un peu vieillot. En réalité, il s'agit d'un

fossile : les scolastiques du Moyen Âge, et déjà Boèce lui-
même (480ca-526), avaient eux aussi leur transcendantal ou
plutôt leurs transcendantaux[68]. Il s'agissait, pour eux, des
caractères des objets, mais l'étendue en était telle qu'elle
dépassait celle des catégories elles-mêmes, puisqu'ils apparte-
naient à *tous* les objets ; en outre – à la différence des catégories – ils ne classifiaient plus rien, puisqu'ils énuméraient la
liste des propriétés de n'*importe quel* être. Dire que les oiseaux
volent ne nous permet pas de distinguer les moineaux des
pinsons ; en revanche, dire d'un être qu'il est un, vrai (lui précisément) bon (passons : ils voulaient dire « créé ») s'applique
à n'importe quelle chose, de la montre que j'ai au poignet à
Pégase ; ceci pour la bonne raison que *toute chose est quelque
chose*, sans quoi elle n'est pas une chose. Et «être quelque
chose[69]» signifie précisément satisfaire les réquisits minimaux
exigés par les transcendantaux.

Sa révolution conduit Kant à tout reporter du côté du sujet
connaissant ; autrement dit, ce n'est pas dans le monde qu'il
cherche les transcendantaux, mais dans l'esprit. Cela ne l'empêche toutefois pas d'écrire, dans ses cours à l'université, que
« le concept le plus élevé de la connaissance humaine est
celui d'un objet en général[70]» : ce qui correspond exactement
à ce que disait Thomas d'Aquin (1221-1274) à propos de l'*ens*
ou de la *res*[71].

Sous les transcendantaux, nous trouvons ensuite les catégories, c'est-à-dire d'autres genres, moins élevés ou évasifs, et
pour cela utiles à quelque chose. Aristote[72] et les scolastiques à
sa suite en avaient compté dix, deux de moins que Kant, mais

68. N. Hinske, « Die historischen Vorlagen der kantischen Transzen-
dental Philosophie », *Archiv für Begriffsgeschichte*, XII, 1968, p. 86-113.

69. P. Kobau, *Essere qualcosa. Ontologia e psicologia in Wolff*, Torino,
Trauben, 2004.

70. E. Kant, *Metaphysik* L₂, Ak XXVIII, 2,1, p. 543.

71. Thomas d'Aquin, *De Veritate*, q. 1a. 1. Ses transcendantaux sont
l'*Ens*, la *res*, l'*unum*, l'*aliquid*, le *verum* et le *bonum*.

72. Aristote, *Catégories*, 1b 25-2a 10 : Substance (« homme », « che-
val »), Quantité (« longueur de deux cubes », « longueur de trois
cubes »), Qualité (« blanc », Relation, Lieu, Temps, être dans une situation, Avoir, Agir, Pâtir).

d'une autre façon, en énumérant quatre familles comportant chacune trois catégories, qui pour lui constituent autant de types de rapports que l'esprit établit avec le monde au moment où il formule des jugements[73]: la *quantité* (toute chose est grande ou petite, courte ou longue), la *qualité* (toute chose est chaude ou froide, et d'une certaine couleur, un son est aigu ou grave, etc.) la *relation* (nous rencontrons des substances ou des causes ou des objets et des événements qui n'interfèrent pas entre eux); la *modalité* (toute chose est seulement possible ou réelle ou même nécessaire).

En révolutionnant les jugements, par rapport à la formulation classique centrée sur l'objet, Kant se limite donc à tirer les catégories de l'esprit (c'est-à-dire des jugements de notre entendement) plutôt que du monde (c'est-à-dire des objets). C'est pourquoi, selon lui, si l'on part du monde au lieu de partir de l'esprit, on obtient un catalogue désordonné et « raphsodique », celui qu'avait fourni Aristote à ses yeux. On a donc affaire à une transformation de l'ontologie, sans nul doute, mais non à une rupture.

LES MODÈLES DE LA *CRITIQUE DE LA RAISON PURE*. Prenons notre tableau et remplissons-le au moyen d'autres noms. La continuité entre la critique de la raison et l'ontologie étant assurée, c'est-à-dire entre Kant et la métaphysique, il s'agit maintenant d'en venir aux rapports avec les modernes[74]. De nombreuses pièces du dispositif, en accord avec l'analyse menée jusqu'ici, demeurent telles quelles, et c'est pourquoi il est possible de donner un nom et un prénom aux sections un peu mystérieuses qui composent la Première *Critique*.

---

73. *Infra*, chapitre 9.

74. Pour une présentation synthétique de la pensée de Kant dans le contexte du dix-huitième siècle, voir R. Ciafardone, *La Critica della ragion pura, Introduzione alla lettura*, op. cit.

Locke *Essai sur l'entendement humain,* 1689	Clauberg *Éléments de philosophie c'est-à-dire ontosophie,* 1647	Baumgarten *Esthétique,* 1750	
		Suárez *Disputes métaphysiques* 1597	Wolff *Ontologie* 1730
			Descartes *Méditations métaphysiques,* 1641
		Descartes, *Discours de la méthode,* 1637 Lambert, *Nouvel organum,* 1764	

Rentrons dans le détail :

1. L'idée d'une critique de la raison dépend du subjectivisme de Descartes, développé par Locke dans les termes d'une psychologie empirique.

2. Le fait de nommer « esthétique » la partie qui traite de la sensibilité constitue une transposition de l'indication de Baumgarten qui avait désigné au moyen de ce nom la science de la connaissance sensible[75].

75. A. Baumgarten, *Esthétique* (1750-1758), tr. fr. Jean-Yves Pranchère, Paris, L'Herne, 1988. Même si, au-delà de cette dernière, Kant a répudié l'intégralité du dispositif leibnizien, lequel postulait une continuité entre la sensibilité et l'entendement. Il suffit de dire que l'intention initiale de la *Critique de la raison pure* (comme on en trouve le témoignage dans le premier titre que Kant avait pensé donner à son œuvre : *Les limites de la sensibilité et de l'entendement*) était à proprement parler de marquer la distinction conceptuelle entre la sphère du sentir et celle du penser.

3. Le fait de regrouper les parties ontologiques sous le titre d'« Éléments » renvoie à un usage aussi ancien que celui d'Euclide (300 av. JC), dont témoigne, par exemple, Johannes Clauberg (1622-1665), le cartésien allemand qui a, le premier, intitulé son livre « Ontologie », ou mieux « Ontosophie[76] ». Les diverses doctrines de Éléments qui ont été écrites à partir du dix-septième siècle jusqu'à l'époque de Kant appartiennent à l'ontologie, ce qui revient à dire – de manière implicite ou entièrement explicite – des catalogues raisonnés du monde.

4. Comme nous l'avons vu, la distinction de l'Analytique et de la Dialectique reflète la distinction – dans la ligne de Suárez à Wolff – de la métaphysique générale (« ontologie »), et de la métaphysique spéciale, et elle se présente comme une médiation entre la scolastique et la métaphysique nouvelle, sur une base subjectiviste héritée de Descartes.

5. La doctrine transcendantale de la méthode représente une sorte de *Discours de la méthode*[77]. Au contraire, on peut voir la *Critique de la raison pure*, dans sa bipartition entre Éléments et Méthode comme un renversement du système cartésien où l'exposition de la méthode succède à l'analyse ontologique au lieu de la précéder.

6. Enfin, le caractère systématique de la méthode de la raison pure, le fait qu'elle exige une « architectonique », est dû à des suggestions, outre celles de Baumgarten, d'un ami et correspondant de Kant, le mathématicien alsacien Johann Heinrich Lambert (1728-1777).

Ces noms ont pour nous la valeur de points de référence et ne constituent nullement des sources. Kant, qui ne s'est jamais beaucoup intéressé à l'histoire de la philosophie, se limite tout au plus à consulter des précis[78] ou des manuels[79];

76. J. Clauberg, *Elementa philosophiae sive Ontosophia, in Opera Omnia philosophica*, éd. Par J. T. Schalbruch, Amsterdam, Wolfgang *et al.*, 1691, 2 vol., rééd. Hildesheim, Olms, 1969.

77. R. Descartes, *Discours de la méthode* (1637), Paris, Vrin, 1999.

78. En particulier, J. *Brucker, Historia critica philosophae*, Lipsia, 1742-1744, 5 vol.

79. A. G. Baumgarten, *Metaphysica*, cité par G. F. Meier, *Auszug aus*

il n'a probablement jamais lu Suárez, quant à Clauberg, il en ignorait peut-être même le nom. Cette remarque vaut pour les noms, mais venons-en aux choses, c'est-à-dire, encore une fois, au conflit entre l'empirisme et le rationalisme.

J'ai parlé précédemment d'« architectonique », terme passablement baroque, et qui réclame un éclaircissement. La thèse fondamentale de la distribution des arguments proposés par Kant est que la connaissance doit être précisément « architectonique », c'est-à-dire capable de transformer en système un simple agrégat de connaissances[80]. Kant insiste beaucoup sur ce point substantiel, associé à l'idée que l'expérience doit être, à son tour, systématique. Un tel parallèle le conduit à superposer à l'expérience spatio-temporelle une grille conceptuelle décisive : seule une connaissance *a priori*, c'est-à-dire indépendante de l'expérience, est une connaissance certaine, une connaissance qui n'est pourtant pas de nature transcendantale, sans quoi on risquerait de finir comme Swedenborg qui prétendait communiquer, de Londres, avec les âmes de Sumatra. L'innovation, par rapport au rationalisme de son temps, consiste donc en une faible quantité d'empirisme mêlée à une forte dose de physique mathématique, laquelle constitue pour Kant la métaphysique crédible et victorieuse, en ce qu'elle se réfère aux objets situés dans l'espace et dans le temps.

La critique de la métaphysique et de ses prétentions représente, de toute façon, un héritage empiriste tout à fait clair, dont dérivent deux éléments cruciaux. En premier lieu, l'idée (qui remonte à Locke[81], mais à travers la médiation de Wolff et de Baumgarten, qui l'avaient intégré à leur métaphysique

der Vernunftlehre, Halle, 1752, réimprimé respectivement dans Ak XVII.4 et dans Ak XVI.3, avec les notes de Kant destinées à ses cours.

80. A. 832 / B 860. Pour Baumgarten, l'« architectonique » est la structure de la connaissance métaphysique (synonyme pour lui d'« ontologie », de « métaphysique », « philosophie première »). Pour Lambert, au contraire, elle est l'art d'établir une telle structure.

81. J. Locke, *Essai philosophique concernant l'entendement humain*, op. cit., IV, XV.

en modérant ainsi l'hyper rationalisme de Leibniz) qu'il s'agit de combiner l'étude ontologique traditionnelle portant sur les objets en général avec une enquête psychologique sur l'entendement humain. En second lieu, l'idée (qui, elle, vient de Hume[82]) selon laquelle l'expérience constitue en même temps la base de toute connaissance – ce qui semble placer les rationalistes hors-jeu – est un fondement insuffisant, puisque la connaissance empirique se révèle toujours inductive et donc seulement probable ; ce qui suggère à Kant que les rationalistes n'avaient pas tout à fait tort de suivre leur voie, pour rocambolesque que cela paraisse.

Le conflit entre l'idée de la nécessité d'une critique de la raison comme faculté de connaître sur le modèle, plus ou moins, des traités de psychologie et d'anthropologie des empiristes, et le fait que ces traités constituaient seulement, pour Kant, des psychologies empiriques, incapables d'expliquer la genèse de nos connaissances (ou mieux conduisaient à voir dans nos connaissances, aussi abstraite soient-elles, le résultat de simples perceptions) est à proprement parler ce qui donne naissance à la révolution copernicienne.

Avec ce geste, Kant espère désamorcer le potentiel sceptique de l'empirisme, autant que la vacuité du rationalisme. En laissant de côté l'étude consacrée aux choses telles qu'elle sont en elles-mêmes, on se concentre sur la manière dont elles nous apparaissent, sous la forme d'une apparence nécessaire ; toutefois, ce « nous », ou plutôt, ce « je », n'a rien à voir avec la psyché individuelle, mais constitue une structure *a priori*, valable pour tous, qui détermine en forme contraignante notre rapport avec le monde.

Le conflit entre l'idée que seule l'expérience est capable de fournir d'authentiques connaissances extensives – c'est-à-dire, dans la terminologie de Kant[83], synthétiques et non analytiques – et l'idée que la connaissance empirique se révèle insuffisante en ce qu'elle est seulement probable, a été

---

82. D. Hume, *Traité de la nature humaine*, op. cit., Livre 1, 3ème partie, où la thèse est voilée, et plus explicitement, dans l'*Abstract* et dans la section IV de l'*Enquête sur l'entendement humain*.

83. Voir chapitre 4.

ensuite à la base de la seconde grande option théorique kantienne, c'est-à-dire de l'idée que la tâche d'une philosophie première consiste à trouver un ensemble de propositions incontestables qui garantissent le point d'appui permettant, non pas de soulever le monde, comme le pensait Archimède, mais d'empêcher qu'il ne tombe sous le coup du scepticisme.

Le mélange de ces deux apports constitue la théorie fondamentale de Kant; la référence à la psychologie et à l'expérience y est héritée des empiristes et le recours à l'ontologie et à l'*a priori* y vient des rationalistes.

LA NATURALISATION DE LA PHYSIQUE. Le renversement ne concerne donc pas les objets, mais la perspective à partir de laquelle ils sont regardés. Il s'agit du troisième point, crucial, de ce chapitre (et surtout de la théorie de Kant).

Tout lecteur de la *Critique de la raison pure* peut évidemment se demander : Kant a-t-il décrit l'esprit humain (ou mieux la structure nécessaire et pure de l'esprit des hommes et des autres êtres qui leur sont éventuellement semblables) ou bien le monde, puisqu'il parle de substance, de cause, d'espace et de temps ? La réponse est à l'image de la carte de l'empire 1 :1, imaginée par Borges[84]. Il a décrit les deux, puisque (du fait de la révolution copernicienne), l'esprit et le monde ne sont que les deux faces d'une même

---

84. « En cet empire, l'art de la cartographie fut poussé à une telle perfection que la carte d'une seule province occupait toute une ville et la carte de l'Empire toute une Province. Avec le temps, ces cartes démesurées cessèrent de donner satisfaction et les collèges de cartographes levèrent une carte de l'Empire, qui avait le format de l'Empire et qui coïncidait avec lui, point par point. Moins passionnées pour l'étude de la cartographie, les générations suivantes réfléchirent que cette carte dilatée était inutile et, non sans impiété, elles l'abandonnèrent à l'inclémence du soleil et des hivers. Dans les déserts de l'Ouest, subsistent des ruines très abîmées de la carte. Des animaux et des mendiants les habitent. Dans tout le pays, il n'y a plus d'autres traces des disciplines géographiques. », « De la rigueur dans la science », in J. L. Borges et A. Bioy Casares, *Histoires brèves et extraordinaires* ; *L'Aleph et autres textes*, tr. fr. Roger Caillois et René L.-F. Durand, Paris, Gallimard, 1997.

médaille[85]. C'est ce qui constitue, de manière très banale, le premier motif pour lequel il se révèle aussi aisé, pour Kant, de superposer à la théorie de l'objet la théorie de la connaissance, au monde l'esprit qui le connaît. Il nous faut cependant nous demander quel est le motif de fond qui a déterminé une telle identification. Comment est-il parvenu à faire face à l'objection évidente qu'il s'agit de psychologie ? Comment a-t-il pu ne pas voir que, si les choses se posent en ces termes, l'étude de l'astronomie ou de la chimie et un examen de conscience reviennent en définitive à la même chose ? Simplement, en affirmant que les lois que l'esprit donne au monde sont celles de la physique. Cherchons maintenant à avancer dans l'examen de cette question.

Comme nous l'avons montré dans le chapitre premier, au moment où Kant commence à travailler, deux données sont acquises au moins dans certains milieux de la philosophie, et en particulier dans ceux critiques à l'égard de l'école de Leibniz et Wolff, au sein de laquelle il a été formé. La première consiste en ceci que les connaissances ampliatives ne peuvent venir que de l'expérience sensible (ce qui n'apparaît pas du tout évident, puisqu'en plein dix-huitième siècle encore, on attribue à la logique le pouvoir de satisfaire l'ambition d'accroître la connaissance en faisant revivre la tradition de la logique comme *ars inveniendi*)[86]. La seconde consiste en ce que l'expérience, malgré sa richesse en

---

85. J. McDowell, *L'esprit et le monde* (1994), tr. fr. de Christophe Alsaleh, Paris, Vrin, 2007. Pour une discussion, je me permets de renvoyer à mon article : « Mente e mondo o scienza ed esperienza ? », *Rivista di estetica*, 12, 1999, p. 3-77.

86. La logique de Jean-Pierre de Crousaz (1633-1750), de 1712, se compose de 6 volumes. Il s'agit en réalité d'un traité de psychologie, de théorie de la découverte scientifique, et qui enseigne comment se garder des préjugés, etc., toutes choses que nous nous refuserions aujourd'hui à inclure dans la logique. Songeons au titre éloquent du traité de logique de Isaac Watts (1674-1748), paru à Londres en 1724 : *Logic or: The Right Use of Reason in the Enquiry after Truth, with a variety of Rules to Guard against Error in the Affairs of Religion and Human Life as well as in the Sciences.*

connaissances, et même précisément à cause de cela, ne peut pas garantir le même degré d'apodicticité que la logique et les mathématiques.

D'un point de vue historiographique, un grand néokantien comme Ernst Cassirer (1874-1945)[87] a décrit avec une grande richesse de détails ce mouvement de révision du rationalisme dans la culture française et allemande du dix-huitième siècle. D'un point de vue théorique, en revanche, le raisonnement décisif pour comprendre le geste de Kant est à peu près celui-ci[88] : aux empiristes, pour qui toute notre connaissance vient de l'expérience et bénéficie du maximum de probabilité, on répond traditionnellement en faisant appel aux mathématiques et en faisant valoir qu'on ne peut raisonnablement leur attribuer qu'une probabilité supérieure à celle de la prédiction qui voit dans la rougeur du ciel, le soir, l'annonce d'une journée de beau temps le lendemain. Cette position était celle des rationalistes. Toutefois, comme nous l'avons vu, Kant se méfie des constructions purement rationnelles, c'est-à-dire nominales, de leur métaphysique, composée de propositions exclusivement analytiques, c'est-à-dire de simples entrées de dictionnaire.

---

87. E. Cassirer, «*Kants Leben und Lehre*» (1918), *Gesammelte Werke - Hamburger Ausgabe*, *vol. 8*.

88. Cf. B. Russell, *Les fondements de la géométrie* (1897), tr. fr. Albert Cadenat, Louis Couturat, Paris, Gauthier-Villars, 1901 : «Pendant tout le dix-septième et le dix-huitième siècle, dans la guerre contre l'empirisme, la géométrie est restée la forteresse inexpugnable des idéalistes. Lorsqu'ils soutenaient – position généralement répandue sur le continent – la possibilité d'une connaissance du monde indépendante de l'expérience, ils ne pouvaient que s'en remettre à la géométrie : personne, à moins d'être fou, n'en aurait alors mis en doute la validité, et personne, à moins d'être sot, n'en aurait nié la portée objective. Les empiristes anglais, dans cette affaire, devaient donc faire face à une tâche plutôt difficile. Il leur fallait ou bien ignorer le problème ou bien, pour peu qu'ils se soient aventurés à partir à l'assaut, comme Hume et Mill, se risquer à affirmer paradoxalement, selon toute apparence, que la géométrie n'offrait au fond aucune certitude d'une nature différente de celle de la mécanique – seule la présence continue des impressions spatiales, selon eux, rendait notre expérience de la vérité des axiomes de nature à nous paraître d'une certitude absolue.»

Les mathématiques, cependant, offrent des propositions synthétiques qui disent plus que leurs définitions (une calculatrice, en effet, semble plus inventive qu'un dictionnaire), et qui pourtant ne constituent pas un savoir, puisque pour Kant nous n'avons de connaissance que de ce qui se situe dans l'espace et dans le temps, ce qui n'est pas le cas des nombres.

Voici donc la solution. La *physique mathématique* offre la vraie voie d'accès à des notions aussi sûres que celles des mathématiques, et denses, c'est-à-dire pourvues de contenu, comme celles que nous tirons de l'expérience. La conséquence en est que, grâce à la révolution copernicienne, le but de la métaphysique consistera à naturaliser la physique, c'est-à-dire à montrer que *la manière dont la science se fait est identique à celle dont on fait l'expérience d'une chose*. Il s'agit d'un mouvement qui ouvre une voie destinée à être fréquentée par la grande majorité des philosophes entre le dix-neuvième et le vingtième siècle[89], mais qui conduit en même temps à une équivoque fatale.

Laquelle ? À la différence de Galilée, Kant n'affirme pas que la nature constitue un livre écrit en caractères mathématiques, ouvert aux savants qui cherchent à la connaître au moyen d'instruments adéquats ; il soutient que notre expérience s'avère en tout et pour tout identique à la connaissance procurée par la physique et qu'elle repose sur les mêmes principes (ceux que Kant résume dans le « système des principes de l'entendement pur »). Choisir de nommer sa propre révolution du nom de celui qui – au moins pour la conscience moderne – nous a appris que le soleil ne se couchait pas à proprement parler, signifie choisir pour point d'observation non pas ce que nous voyons (par exemple nous ne pouvons jamais voir le soleil *tomber* sur les montagnes, en ce que le mouvement apparaît trop lent), mais ce que nous savons.

L'appel à la physique et à l'expérience (et plus profondément à la physique *comme* expérience) se révèle toutefois sévèrement limité, comme nous l'avons vu, par l'inconstance de

---

89. Voir infra, chapitre 11.

ce que nos sens *rencontrent* – plus qu'ils ne le « connaissent » – dans le monde[90], ce qui rend très difficile l'édification d'une métaphysique de l'expérience. Pour Kant, comme pour les empiristes et les rationalistes, la nécessité est d'ordre exclusivement logique, c'est pourquoi le fait de parler de « nécessité matérielle[91] » constitue une contradiction dans les termes, plus ou moins comme un « cercle carré ». Pour conférer une nécessité à l'existence, il faut donc montrer que au moins ses éléments de caractère le plus général possèdent un caractère absolu. Le raisonnement de fond, exposé dans la Préface à la deuxième édition de la *Critique de la raison pure*[92], se déroule en quatre temps.

1. La *logique* représente une doctrine sûre et parfaite, bien qu'elle concerne la pensée et non pas le monde et qu'elle ne peut donc fournir des connaissances.
2. Les adeptes des *mathématiques*, depuis l'Antiquité, ont tous admis la possibilité de se passer de l'expérience[93]. L'idée de Kant est que lorsque les premiers géomètres ont étudié les propriétés du triangle, ils sont convenus qu'il ne s'agissait pas de *copier* des triangles, ni de *décrire* les propriétés des objets triangulaires comme un botaniste classifie les caractères d'une plante, mais de *construire*, à partir de concepts et en se servant d'intuitions, des figures conformes à ces concepts. Toutefois, la mathématique n'est pas une connaissance, mais seulement une pensée.
3. La *physique* moderne s'est révélée capable, avec la révolution copernicienne qui perfectionne les découvertes des

90. Inconstance soulignée, chez Hume, au moyen d'un préjugé cartésien que Kant ne se soucie pas de rectifier, l'idée selon laquelle il convient de ne pas se fier à ses sens à partir du moment où ils nous ont trompé une fois. Cf. Descartes, *Méditations métaphysiques*, IX, Paris, GF-Flammarion, 1979.

91. B. Smith, « An Essay on Material Necessity », in P. Hanson et B. Hubnter, « Return of the A Priori », *Canadian Journal of Philosophy*, Supplementary Volume 18, 1992.

92. B VIII *sq.*

93. Kant écrit « intuition » pour pouvoir établir un moyen terme entre la mathématique et l'espace et le temps comme formes pures de l'expérience, ce qui obscurcit un peu les choses.

mathématiciens grecs, d'interroger la nature comme un juge et non comme un écolier, c'est-à-dire d'enrégimenter l'expérience dans une grille *a priori* de lois mathématiques ; on obtient ainsi des propositions aussi certaines que celles des mathématiques, et cognitivement aussi denses que celles qui nous sont procurées par les sens.

4. À la *métaphysique* qui se veut scientifique, il ne reste plus qu'à naturaliser la physique, en montrant qu'il ne s'agit pas seulement d'un mode de connaissance du réel (d'« interprétation de la nature[94] »), mais du mode selon lequel sont constitués nos sens et notre entendement, et c'est ce que montre l'Analytique ; la Dialectique servira au contraire à écarter toute prétention cognitive de propositions privées de contenu empirique vérifiable et à renvoyer les exigences qui sont à la base de ces propositions à une autre sphère, celle de l'agir moral.

Conséquences. En procédant ainsi, on réalise – au moins dans l'intention – la quadrature du cercle. On peut se référer à l'expérience sensible, qui est le réel, mais avec une certitude garantie par la science mathématique de la nature, dont les succès sont présentés par Kant comme un fait incontestable qui nous suggère certainement d'en opérer la transposition en métaphysique. *La contrepartie n'en est pas moins que les principes métaphysiques de Kant se révèlent issus de la physique[95].*

Tel est l'aspect crucial, celui qui est développé dans le chapitre 5 sous le titre d'« illusion transcendantale ». Kant, aveuglé par les exploits de la physique, a confondu la science et l'expérience, c'est-à-dire l'épistémologie et l'ontologie. L'« épistémologie », c'est-à-dire ce que nous connaissons et comment nous le connaissons, l'« ontologie », ce qu'il y a indépendamment du fait que nous le connaissons ou non[96].

---

94. F. Bacon, *Cogitata et Visa de Interpretatione Naturae, sive De Scientia Operativa* (1607-1609).

95. Comme la thèse de la substance, d'abord attribuée à la physique (B 17), puis à la métaphysique (B 795 / A 767), rend cela évident.

96. J'ai développé ce point dans M. Ferraris, *Il mondo esterno*, Milan, Bompiani, 2001.

En confondant l'épistémologie et l'ontologie (ce qui, somme toute, peut se faire assez facilement), Kant n'a pas seulement commis une erreur très commune, mais il en a épousé une autre[97], celle qu'on a pris l'habitude d'appeler la « métaphysique prescriptive » ou « corrective », par opposition à la « métaphysique descriptive », puisqu'elle ne se limite pas à discerner les structures de notre expérience ordinaire. Il fait – ou veut – bien plus : rectifier le sens commun et traduire l'expérience à la lumière de notre connaissance scientifique actuelle. En bref, pour une métaphysique corrective, il faut supprimer des expressions comme « le soleil se couche » (en effet, il n'en va pas ainsi), « le café s'est refroidi » (il vaudrait mieux dire en fait qu'il a cédé de la chaleur à l'environnement), « je me suis brûlé » (il conviendrait peut-être de dire que j'ai excité mes fibres C).

Il n'y a pourtant rien de mal à poursuivre une métaphysique corrective, et surtout il semble difficile d'imaginer une métaphysique descriptive à l'état pur, l'interaction entre les deux niveaux étant constante, au moins pour un adulte de notre époque. Mais Kant a confondu les deux strates, tout comme les deux attitudes[98], par système et par principe, et la plus grande partie des philosophes après lui l'ont suivi sur cette voie. Ce ne serait pas la première fois que le chemin de l'enfer se révèle pavé de bonnes intentions, mais ce fut véritablement une décision lourde de conséquences, pour Kant et pour nous. Avant d'aborder l'examen de cette erreur, je voudrais toutefois exposer les principales innovations de Kant.

97. P. F. Strawson, *Les Individus* (1959), tr. fr. A. Shalom et Paul Drong, Paris, Seuil, 1973. I. A. Goldman, *Liaisons: Philosophy Meets the Cognitive and Social Sciences*, Cambridge, Mass., MIT Press-Bradford Books, 1992. Pour un exposé des qualités et des défauts de cette alternative (réalisé par un partisan de la métaphysique prescriptive), voir A. C. Varzi, *Parole, oggetti, eventi e altri argomenti di metafisica*, Rome, Carocci, 2001, p. 28-33.

98. Voir à nouveau le chapitre 5.

4. Où il innove (Approfondissement)

LES ORNITHORYNQUES DE KANT. Dans le chapitre précédent, afin de situer Kant dans son époque, nous nous sommes livrés au jeu du vin nouveau dans de vieilles outres (ce qui, en philosophie, donne généralement du vin vieux dans de nouvelles outres) ou encore, toute métaphore mise à part, nous nous sommes employés à montrer sa continuité avec ses prédécesseurs.

KrV	**Éléments** Jugements synthétiques a priori	**Esthétique** Espace Temps Phénomènes	
		Logique Je pense Schèmes conceptuels	**Analytique** Jugements Catégories Déduction Schématisme Principes
			Dialectique Antinomie
	Méthode Comment nous utilisons les éléments		

Le moment est venu de rendre à Kant ce qui revient à Kant et de reconnaître – sous la continuité – les éléments d'une subversion, liée pour une large part aux thèses substantielles qui ont été indiquées dans le chapitre 2. Donnons-nous tout d'abord une représentation synoptique au moyen du tableau de la page 65.

Les nouveautés de la *Critique de la raison pure* se manifestent au moins à quatre niveaux: (1) la philosophie de la connaissance; (2) la théorie de l'esprit; (3) l'ontologie; (4) la théorie du raisonnement (c'est-à-dire de la logique). On comprend donc pourquoi l'élaboration de ce livre a demandé dix années à Kant, sans compter tout ce qui relève de son expérience philosophique antérieure. Comme il arrive parfois, à chose nouvelle, mot nouveau ou du moins rénové. Voyons ce qu'il en est en procédant par ordre.

1. *Phénomène et noumène.* Ce sont les grandes transformations dans la *théorie de la connaissance*, et elles correspondent à la thèse, portée par la Révolution copernicienne, aux termes de laquelle nous ne connaissons pas les choses telles qu'elles sont en elles-mêmes, mais exclusivement telles qu'elles nous apparaissent à travers le filtre des deux formes pures de l'intuition et des douze catégories.

2. *Déduction, schématisme, imagination.* Ce sont les mots-clés de la *théorie* kantienne *de l'esprit* et, comme nous le verrons, ils permettent d'expliquer la manière dont l'expérience se règle sur la pensée.

3. *Cent Thalers.* C'est le mot d'ordre au moyen duquel Kant réforme l'*ontologie*. Contre la tradition du rationalisme, Kant soutient que l'existence ne constitue pas une détermination logique, mais un point de départ ontologique. La table qui se trouve face à moi n'est pas en bois, avec une lampe et un ordinateur, à quoi il faudrait ajouter qu'*elle existe* ; au contraire, *elle existe*, et c'est précisément pour cela qu'elle est en bois et est dotée d'une lampe et un ordinateur, etc.

4. *Les jugements synthétiques a priori.* C'est le point sur lequel Kant innove au niveau de la *théorie de la connaissance*. Kant propose une nouvelle logique qui s'applique à l'expérience et non pas à la seule pensée, en substituant aux jugements

analytiques, régis par le principe de non-contradiction, les jugements synthétiques *a priori*, guidés par la règle selon laquelle toute expérience doit se référer à l'unité synthétique de l'aperception, c'est-à-dire au Je pense.

Ici, on ne peut guère sous-estimer les nouveautés ou du moins les reformulations de génie. Dans les traités de philosophie pré-kantiens, on ne trouve qu'un très petit nombre de ces éléments, et même quand on en trouve la trace chez des auteurs proches de Kant, il s'agit généralement de choses très différentes. La « logique transcendantale » constitue une nouveauté absolue. Lambert[99] avait parlé de « phénoménologie » – en forgeant d'ailleurs le nom ; mais il la concevait comme une méthode pour se délivrer des illusions, c'est-à-dire en un sens complètement opposé à celui qui est adopté par Kant dans l'opposition phénomène-noumène. Le psychologue Johannes Nicolaus Tetens (1736-1807) avait traité de l'« imagination » dans un livre[100] que Kant avait lu alors qu'il travaillait à la première *Critique* ; mais il ne lui avait pas attribué le rôle nouveau, décisif et influent qu'elle exercera sur la tradition issue de la réélaboration kantienne. De la déduction et du schématisme, il n'y a pas la moindre trace, ni chez les empiristes ni chez les leibniziens, la distance entre sensibilité et entendement étant chez eux très réduite, de sorte qu'ils n'avaient nul besoin d'une médiation[101]. L'illusion de la preuve ontologique – qui consistait précisément à traiter l'existence comme un prédicat – avait été identifiée au Moyen Âge, mais c'est une chose qui était tombée dans l'oubli avec le retour du rationalisme de Descartes, qui l'avait réhabilitée, et de Leib-

99. J.H. Lambert, *Nuovo organo* (1764); tr. fr. Gilbert Fanfalone, *Nouvel organon*, Paris, Vrin, 2002.

100. J.N. Tetens, *Philosophische Versuche über die menschliche Natur und ihre Entwicklung* (1777), 2 vol, rééd. Hidesheim-New York, Olms, 1979.

101. Pour Hume (*Traité de la nature humaine*, 1ère partie, section 1, op. cit.), l'idée est une sensation plus faible ; pour Leibniz (*Méditations sur la connaissance, la vérité et les idées*, 1684, in *Opuscules philosophiques choisis*, tr. fr. Paul Schrecker, Paris, Vrin, 2001), elle est une sensation claire et distincte, ce qui revient à dire que, pour tous deux, elle ne représente pas quelque chose de totalement différent d'une impression sensible.

niz, pour qui l'existence représente seulement un mode
s'ajoutant à l'essence, c'est-à-dire à la définition logique[102].
Une dernière remarque avant d'entrer dans l'analyse. Les
deux premières familles d'innovations kantiennes, inhérentes
à la théorie de la connaissance et à la théorie de l'esprit, pré-
supposent un idéalisme fort. Les deux autres, au contraire,
relatives à l'ontologie et à la théorie du raisonnement, témoi-
gnent d'un réalisme marqué. L'édifice kantien repose ainsi
sur un sol un peu trop friable, et c'est cette ambiguïté qui
explique les nombreuses restructurations créatives auxquelles
il a été soumis au cours du temps.

PHÉNOMÈNE ET NOUMÈNE. Sur le plan de la *théorie de la
connaissance*, Kant introduit la distinction entre phénomène et
noumène, entre les choses telles qu'elles nous apparaissent
(au titre, non pas d'une illusion ou d'une fausse perception,
mais d'une apparence nécessaire) et les choses telles qu'elles
sont en soi (auxquelles nous n'avons, par hypothèse, aucun
accès). Je ne m'étendrai pas sur ce point, que nous aborde-
rons plus en détail dans le chapitre 6. Il s'agit en tout cas
d'une réelle innovation, puisque Arthur Schopenhauer (1788-
1860)[103] ira jusqu'à voir dans la théorie kantienne le développement cohérent des intuitions de Platon et de la philosophie
indienne. Mais chez Kant, l'idée que tout soit apparence ne
porte pas trace de mysticisme : le phénomène ne nous invite
en rien à nous tourner vers une chose en soi inaccessible aux
non-initiés, ni à juger le monde comme une apparence trompeuse. Il constitue au contraire l'unique connaissance qui
nous soit offerte, pour le sens commun comme pour la philosophie, dans le cadre d'une vision scientifique du monde.

DÉDUCTION, SCHÉMATISME, IMAGINATION. Sur le plan de la
théorie de l'esprit, Kant s'engage dans la recherche de structures
de médiation qui permettent la communication entre les

102. E. Scribano, *L'esistenza di Dio. Storia delle prova ontologica da Descartes à Kant*, Roma-Bari, Laterza, 1994.
103. A. Schopenhauer, *Le monde comme volonté et comme représentation*
(1819), tr. fr. A. Burdeau, Paris, PUF, 1966.

structures conceptuelles et celles de la perception. Il est dès lors contraint de construire de ses propres mains – afin de répondre à ses exigences nouvelles – une psychologie spéculative ou transcendantale[104], et à inventer d'étranges ornithorynques conceptuels dont la source réside dans une tension interne à sa (propre) pensée : d'un côté (à la différence de Leibniz et des empiristes) la sensibilité et l'entendement sont nettement séparés ; de l'autre, il n'y a pas d'expérience sensible sans concepts.

Les ornithorynques les plus compromettants sont au nombre de trois : (a) la déduction, destinée à montrer que les catégories de l'esprit rendent possible le monde ; (b) le schématisme, lequel explique les modes selon lesquels les concepts purs de l'entendement s'appliquent à l'expérience ; (c) l'imagination transcendantale, qui représenterait une faculté amphibie, un peu sensible, un peu intelligible, et de plus créative, jouant un rôle essentiel tant dans la déduction que dans le schématisme, lorsqu'on se trouve confronté à la nécessité de jeter un pont entre l'esprit et le monde. Sur ce point, je ne m'attarderai pas non plus, puisqu'il s'agit d'arguments dont il sera diversement question dans les chapitres 9 et 10.

LES CENT THALERS. Venons-en aux innovations de type réaliste. Sur le plan de l'*ontologie*, Kant précise la signification centrale qu'il attribue à «être» comme «être réel», « exister dans l'espace et dans le temps». Cette valeur, pour autant qu'elle semble évidente, a – comme nous l'avons montré – une conséquence de première importance : l'existence ne constitue pas, comme l'avaient cru un grand nombre de philosophes avant Kant, un prédicat, c'est-à-dire l'attribut d'un objet, comme « rouge », « rapide » ou « puant ». Elle représente la condition sur la base de laquelle une chose peut se révéler « rouge », « rapide », « puante ». C'est la raison pour laquelle – comme l'explique Kant au moyen d'un

104. P. Kitcher, *Kant's Transcendental Psychology*, New York-Oxford, Oxford University Press, 1990.

exemple célèbre – 100 thalers réels se révèlent identiques à 100 thalers possibles, seulement pensés dans le concept ; mais l'identité conceptuelle ne suffit pas à masquer la différence entre avoir ou ne pas avoir (aurait dit Hemingway), laquelle, dans un contexte ontologique, est une différence entre être ou ne pas être (comme nous le rappelle, cette fois, Hamlet).

L'idée que «être» signifie éminemment «exister dans l'espace et dans le temps» est la conception même qui a permis de faire de la physique la science de référence pour la métaphysique, et elle est l'aboutissement des négociations kantiennes entre l'empirisme et le rationalisme. Selon Kant, manquant de ce qu'il appelle la «topique transcendantale», les leibniziens considéraient les sensations comme des concepts confus, et les concepts comme des sensations claires et distinctes. C'est ainsi que Leibniz a intellectualisé les phénomènes, tout comme Locke a sensibilisé les concepts[105], en omettant, l'un comme l'autre, ce détail non négligeable que les sensations sont obtenues passivement à travers les oreilles, les yeux, le nez, la langue et la peau et que les pensées se produisent activement au moyen du cerveau, c'est-à-dire, normalement, derrière les yeux, entre les oreilles et sous le crâne : deux canaux parfaitement distincts, d'un point de vue physique, logique et métaphysique. Dès lors que nous ne prêtons pas attention à ce fait, la différence entre une somme de monnaie seulement pensée et la même somme effectivement présente s'annule.

C'est ici qu'interviennent les célèbres 100 thalers. Comme cela a été expliqué par le philosophe kantien Friedrich Albert Lange (1828-1875) [106], à Königsberg, quatre ans après la mort de Kant, on ne payait que 25 thalers (réels) contre une lettre de change de 100 thalers (possibles). La différence paraît claire, autant que les raisons pour lesquelles Kant a choisi cet exemple qui constitue le cœur de son argumentation. La dif-

---

105. A 271 / B 326.
106. F. A. Lange, *Histoire du matérialisme jusqu'à Kant*, traduit de l'allemand par B. Pommerol, Paris, Schleicher Frères, 1910, vol. 1 (rééd., Paris, Coda, 2004).

férence entre un thaler réel et un thaler possible (idéal) n'est pas seulement conceptuelle, mais il y a au contraire un gouffre entre le fait d'avoir et celui de ne pas avoir, au point que pour obtenir quelque chose de réel à partir du thaler idéal, on pouvait se contenter d'un quart de la valeur nominale de la lettre de change. Kant le dit ouvertement[107], toujours dans le cadre de sa polémique contre Leibniz : se demander si le réel est d'une étendue moindre que le possible a toutes les apparences d'une bonne question, à laquelle on peut répondre affirmativement, puisque le réel constitue une détermination de plus qui, d'un point de vue logique, s'ajoute au possible, à ceci près, ajoute-t-il, que la question est dénuée de sens d'un point de vue ontologique, car à ce niveau, seul le réel existe ; le possible, c'est ce qui, tout simplement, n'est pas. Pas plus qu'un billet de loterie n'équivaut, à lui seul, au fait de réellement gagner.

Une contre-preuve. Sous l'angle logique, si l'existence est ajoutée à une chose, rien d'intéressant ne lui est ajouté du point de vue de la connaissance : si je demande des spaghettis à la carbonara *réels*, c'est exactement comme si je demandais des spaghettis à la carbonara, voilà tout[108]. La différence entre logique et ontologie est donc bien plus nette qu'elle ne l'était chez Leibniz, aux yeux de qui le fait qu'un être n'existe pas ne constitue aucun sérieux obstacle ontologique[109], puisque le réel n'est jamais qu'un possible auquel quelque chose de plus a été ajouté, à savoir l'existence. Pour Kant, au contraire, la

107. A 230-231 / B 282-284.

108. J. Barnes, *The ontological Argument*, London, McMillan, 1972.

109. Pour Leibniz, la *res* est ce que l'on peut *concevoir* distinctement, l'existence est ce que l'on peut *percevoir* distinctement. *Res* sont donc : Dieu, l'âme, le monde (choses que nous ne rencontrons jamais dans l'expérience, même pas le monde, en ce qu'il est trop grand), la montagne d'or (qui ne présente rien de contradictoire, bien qu'en fait il n'y ait rien de tel), le cercle carré (qui nous dit quelque chose, mais que nous ne parvenons pas à imaginer clairement en raison de son caractère contradictoire), à la limite aussi le Sarchiapone (dont nous pouvons soutenir, grâce à Walter Chiari, qu'il s'agit d'une espèce d'animal) ; en pratique, seul le « blitiri » des Scolastiques, le concept vide sans objet, est exclu, qui peut être n'importe quoi et qui donc est moins que rien.

véritable pierre de touche nous est fournie par l'expérience, laquelle, à ses yeux, est essentiellement décrite par la physique.

Mais une telle conclusion n'est pas aussi évidente, et c'est pourquoi elle peut être associée à l'illusion transcendantale. En fait, une chose est de dire qu'une bière possible ne désaltère pas autant qu'une bière réelle, une autre de prétendre que seules existent les choses dont parle la physique, parce que dans ce cas il n'y aurait pas, par exemple, des professeurs, mais simplement des atomes disposés en forme de professeurs (une forme, par dessus tout, qui ne serait pas des plus claires et qui pourrait être confondue avec beaucoup d'autres). Nous y viendrons sous peu.

LES JUGEMENTS SYNTHÉTIQUES A PRIORI. Il nous reste en effet à examiner la dernière innovation de type réaliste. Au niveau de la *théorie du raisonnement,* Kant invente la « logique transcendantale », celle qui s'applique à l'expérience spatio-temporelle. Celle que l'entendement utilise, non pas lorsqu'il ne travaille qu'avec ses moyens propres (la « logique générale » qui, dans la terminologie de Kant, garantit la cohérence d'un raisonnement[110]), mais lorsqu'il coopère avec la sensibilité pour rendre possible une expérience. Avant cela, personne n'avait conçu une logique de ce type[111], et surtout personne n'avait imaginé une famille de jugements comme ceux qui en découlent : les jugements synthétiques *a priori*. Les points réellement importants, entre ce qui a été éliminé et ce qui a été nouvellement acquis, sont au nombre de trois.

1. En premier lieu, LES JUGEMENTS ANALYTIQUES A PRIORI disparaissent, puisque Kant ne paraît pas intéressé à fournir ni un vocabulaire ni un livre de logique. Pour lui, le problème consiste à mettre au point un système de principes de l'entendement qui s'appliquent à l'expérience et la rendent possible. Le principe de non-contradiction (l'exemple type des jugements analytiques, pour Kant) ne

110. A 133 / B 172.

111. Dans le meilleur des cas, comme nous l'avons vu, on avait cherché à employer la logique afin d'étendre la connaissance, mais sans distinguer la sensibilité et l'entendement, et c'est une chose que Kant désapprouvait vigoureusement.

rend pas l'expérience possible ; dans le meilleur des cas, il nous permet d'éviter les raisonnements fallacieux[112]. La thèse selon laquelle le Je pense doit accompagner toutes nos représentations (l'exemple type des jugements synthétiques, pour Kant) la rend au contraire possible[113]. Il appartiendra donc à cette thèse de fonder la nouvelle logique, détrônant ainsi le principe de non-contradiction qui avait jusqu'alors dominé, valant non seulement comme loi de la pensée mais comme norme de la réalité[114].

2. En second lieu, les JUGEMENTS SYNTHÉTIQUES A POSTERIORI n'apparaissent pas, bien qu'ils soient légion (même si ce n'est pas sous ce nom) dans les traités sur la nature humaine des empiristes. Ces jugements, comme l'admettaient les empiristes et comme le réaffirme Kant, sont beaucoup trop aléatoires pour pouvoir faire l'objet d'un traitement scientifique réellement rigoureux. Pour Kant, comme pour Descartes[115], une science n'est vraie que dans la mesure où elle est évidente et échappe au doute (ce qui signifie mathématisable pour Kant), et la conséquence en est, à ses yeux, que la psychologie ou la chimie ne constituent pas de véritables sciences[116].

3. C'est là qu'apparaît la famille particulière des JUGEMENTS SYNTHÉTIQUES A PRIORI, que Kant invente en partant du fait que tous les jugements mathématiques sont de cette nature[117]. Ils constituent les conditions à défaut desquelles nous ne pouvons faire une expérience, et qui n'en dépendent pas. Bien qu'ils ne soient pas soumis à l'incertitude de l'expérience (puisqu'ils sont nécessaires) ils nous mettent

112. A 150 *sq* / B 189 *sq.*
113. A 154 *sq* / B 193 *sq.*
114. «Nul ne peut admettre qu'une même chose soit et ne soit pas, contrairement à ceux qui croient ce que disait Héraclite» (Aristote, *Métaphysique*, IV, 1005b, tr. fr. J. Tricot, Paris, Vrin, 1964).
115. «Nous n'avons besoin de nous occuper que des objets dont notre esprit peut tirer une connaissance certaine et indubitable», peut-on lire dans les *Regulae*.
116. E. Kant, *Premiers principes métaphysiques de la science de la nature* (1786); tr. fr. J. Gibelin, Paris, Vrin, 1952.
117. B 14.

en contact avec le Réel – la seule chose qui intéresse Kant d'un point de vue ontologique. Dans la mesure où les jugements mathématiques se révèlent sûrs, sans toutefois constituer des connaissances, n'étant constitués que de pensées, l'effort de Kant consiste à transformer certains jugements que les empiristes classent parmi les jugements synthétiques *a posteriori* (les cinq principes ontologiques : le Moi, l'Espace, le Temps, la Substance et la Cause) en synthétiques *a priori*, en les fondant sur la certitude de la physique.

DES JUGEMENTS SYNTHÉTIQUES A PRIORI SONT-ILS POSSIBLES ? La démarche de Kant ne va toutefois pas sans risque, voire sans une témérité qui n'aurait pas manqué d'apparaître comme telle si elle n'avait pas été couverte par la confiance qu'il témoigne à l'égard de la physique. En effet, des jugements synthétiques *a priori* sont-ils possibles en métaphysique ? Procédons par ordre en reprenant l'un de nos raisonnements.

1. Quant à l'arithmétique : selon Kant, la proposition 7 + 5 = 12 représente un jugement synthétique dans la mesure où 12 n'est pas nécessairement pensé ni dans 5 ni dans 7 (on pourrait aboutir au même résultat au moyen de la proposition 8 + 4 ou 6 + 6) ; et c'est un jugement *a priori*, puisqu'il ne dépend pas de l'expérience (par exemple de l'énumération d'objets ou de l'usage des doigts pour compter), car alors on ne comprendrait pas comment il nous est possible d'additionner des nombres élevés (on peut difficilement concevoir que 7541 + 5471 = 13 012 puisse être obtenu en comptant sur ses doigts ou par une observation attentive des objets).

2. Il en va de même pour la géométrie : les géomètres ne décrivent pas, ils construisent.

3. C'est à partir de ces deux modèles, la géométrie et l'arithmétique, que Kant parvient, sur le plan métaphysique, à ses deux premières thèses substantielles, celle de l'Espace (considéré comme *a priori* et naturellement géométrique) et celle du Temps (tenu lui aussi comme *a priori* et naturellement arithmétique, même si le lien du temps et de l'arithmétique n'est pas affirmé aussi clairement que celui de l'espace et de la géométrie).

4. En ce qui concerne la physique, Kant est entièrement convaincu que des principes comme la permanence de la Substance ou la Causalité ne constituent pas des propositions ayant leur origine dans l'expérience. C'est donc à partir de la physique et de ses succès effectifs que Kant tire ses deux thèses sur la « substance » et la « cause », celles auxquelles il accorde ensuite le plus d'importance dans ce qui l'oppose à l'empirisme.

5. Enfin, la naturalisation de la physique à travers la métaphysique est développée grâce à l'introduction de la thèse du Moi, laquelle n'intéresse évidemment pas les physiciens, concernés par une description objective de la nature plus que par une justification de la connaissance. L'idée fondamentale de Kant réside en ce que le Moi ne constitue pas un simple support, une page blanche sur laquelle s'inscrivent les sensations, mais l'unité sans laquelle il ne peut y avoir d'expérience.

Comme on le voit, la possibilité de jugements synthétiques *a priori* constitue la face visible de cette naturalisation de la physique qui est au cœur de la philosophie transcendantale : les cinq thèses ontologiques ne sont pas, pour Kant, les hypothèses d'un philosophe ou (dans le cas de l'espace, du temps, de la substance et de la cause) d'un scientifique, mais la manière selon laquelle tout être semblable à nous se rapporte au monde[118].

LES DOGMES DE L'EMPIRISME, LES DOGMES DU TRANSCENDANTALISME. Puisque nous en avons fini avec la liste des nouveautés, c'est sur un point assez subtil que je voudrais maintenant attirer l'attention du lecteur.

118. Quant au statut du Moi, Kant reste toutefois assez ambigu. Ses disciples, majoritairement intéressés par la psychologie, traduisirent la thèse du Moi en une physiologie de l'entendement, chose que Kant n'aurait certainement pas admise. Les idéalistes transcendantaux y virent le principe d'une construction du monde à partir du Moi, et cette solution n'aurait pas non plus rencontré l'assentiment de Kant. Strawson, pour sa part, y a plutôt vu un ensemble d'exigences minimales, indispensables pour que l'on puisse avoir une expérience, interprétation qui aurait probablement reçu l'approbation de Kant, même si de nombreux développements de sa pensée (par exemple le fait que

Après une lecture de la Première *Critique*, une question évidente se pose à propos de la différence entre « tous les corps sont étendus » (le modèle même de tous les jugements analytiques *a priori*, pour Kant) et « tous les corps sont pesants » (un exemple, pour lui, de ce qu'est un jugement synthétique *a posteriori*). L'idée de Kant consiste à admettre que le fait d'être étendu représente une propriété implicite du concept de « corps », tandis que le fait d'être pesant dépend de l'expérience, en ce que nous avons besoin d'avoir l'expérience d'un corps pour pouvoir affirmer qu'il est lourd.

La question prête à controverse pour au moins deux raisons. En premier lieu, à l'époque de Kant il y avait une foule de gens qui pensaient que certains corps pouvaient ne pas être étendus[119]; en second lieu, en l'absence de gravité, un corps n'est pas pesant. Il semblerait donc que l'expérience d'un corps soit nécessaire pour savoir s'il est étendu et que l'expérience d'un corps pourrait ne pas nous enseigner qu'il est pesant.

C'est en partant de considérations de ce genre que le philosophe américain Willard Van Orman Quine (1908-2000[120]) nous a débarrassé de la distinction analytique-synthétique en la faisant apparaître comme dogmatique. Les jugements analytiques ont leur place dans les dictionnaires, les jugements synthétiques dans les encyclopédies ; toutefois, les lexicographes qui compilent les dictionnaires ne sont pas moins des savants empiriques que ceux qui rédigent des notices pour les encyclopédies. Ce qui revient à dire que tout ce que nous savons, y compris le fait qu'aucun célibataire n'est marié, demande une base cognitive, autrement dit ne réside

l'Espace soit englobé dans le Temps et celui-ci dans le Moi) renforcent incontestablement l'interprétation des idéalistes, et si d'autres (par exemple le rôle attribué à une faculté éminemment psychologique comme l'imagination) fournissent un soutien non arbitraire à l'interprétation des réalistes.

119. T. Griffero, « I sensi di Adamo. Appunti estetico-teosofici sulla corporeità spirituale », *Rivista di estetica*, n.s., 12, 1999.

120. W.V.O. Quine, « Les deux dogmes de l'empirisme », *The Philosophical Review*, 60 (1951), tr. fr. in P. Jacob, *De Vienne à Cambridge*, Paris, Gallimard, 1980.

pas dans le Ciel du raisonnement, mais sur la Terre de la connaissance.

Le noyau de l'argument a été anticipé par le philosophe allemand Friedrich Adolf Tredelenburg (1802-1872), qui avait observé que la distinction entre analytique et synthétique s'avère être, en dernière instance, une différence entre ce que nous savons depuis longtemps (qui nous semble analytique) et ce que nous ignorons ou avons appris récemment (qui nous semble donc synthétique [121]); une distinction empirique et non transcendantale. Une proposition comme « Fumer tue », que nous pouvons lire aujourd'hui sur tous les paquets de cigarettes, peut être tranquillement tenue pour analytique, mais il y a cinquante ans, ou du moins tant qu'elle n'était pas inscrite sur les paquets, elle aurait été plutôt considérée comme synthétique.

Les leibniziens (et les empiristes) étaient donc dans l'erreur lorsqu'ils croyaient pouvoir distinguer les propositions nécessaires et *a priori*, tirées de la logique, et les propositions contingentes et *a posteriori*, issues de l'expérience. À un certain niveau, tout se vaut. Ce qui nous intéresse, dans notre discours, c'est toutefois que l'argument de Quine sur l'absence de fondement de la distinction analytique/synthétique vaut certainement aussi pour la différence entre les jugements synthétiques *a priori* et les jugements synthétiques *a posteriori* chez Kant. En fait, ses jugements synthétiques *a priori* ne constituent pas des primitives logiques, mais ils reflètent un état spécifique de la science de son temps.

Comment Kant a-t-il pu ne pas tenir compte de ce fait, et ne pas se demander si ceux qu'il considérait comme synthétiques *a priori* – le Moi, la Substance, la Cause, le Temps et l'Espace – était autre chose que l'abstraction de quelques principes physiques ? Sur ce point, la réponse ne fait aucun doute, précisément parce qu'il était persuadé de l'identité de droit entre la physique et l'expérience, comme entre la physique et la logique, Kant a pu, d'une part, décrire notre expérience avec les mêmes instruments que la science, tout

---

121. F.A. Trendelenburg, *Logische Untersuchungen* (1840), 2 vol., 3a, Leipzig, Hirzel, 1870.

en croyant, d'autre part, que les principes de la physique ne pouvaient être tirés *a posteriori*, de l'état actuel des connaissances humaines, mais qu'ils devaient appartenir *a priori* à notre héritage conceptuel. Par une ironie de l'histoire, c'est cette erreur qui a valu à la philosophie kantienne un succès incontesté.

5. L'illusion transcendantale (Approfondissement)

UNE DEMI-CATASTROPHE. Un tel fait peut faire réfléchir, parce qu'il n'est aucun ornithorynque qui ait eu la vie facile[122].

Les leibniziens de tradition académique ont accusé Kant d'extravagance ou, au contraire, de banalité, et ils ont soutenu qu'il s'était contenté de rendre plus compliqué et obscur ce qui, chez Leibniz, était aussi clair que le jour[123]. Ces réactions lui fournirent l'occasion de réponses polémiques et parfois amusantes[124]. Les philosophes populaires et anti-académiques[125] tinrent à juste titre la philosophie kantienne pour responsable du nihilisme qui allait dès lors se développer, en ce que le transcendantalisme avait effectivement abouti à un anéantissement du monde du Moi. Les partisans de l'histoire et du langage, parce qu'ils souhaitaient y découvrir le véritable transcendantal, reprochèrent à Kant de les avoir négligées[126], ouvrirent ainsi une brèche qui se révéla très fertile au

---

122. *Rezensionen zur Kantischen Philosophie* 1781-87, éd. Par A. Landau, Bebra, Landau Verlag, 1991.

123. R. Ciafardone, *La Critica della ragione pura. Introduzione alla lettura*, op. cit.

124. Les auteurs de recensions de la *Critique de la raison pure*, se lamente Kant, se comportent comme quelqu'un qui, ayant entre les mains les *Éléments* d'Euclide, les présenterait ainsi : « Ce livre est une méthode de dessin ; l'auteur use d'une langue particulière pour donner des règles obscures, incompréhensibles, qui finalement ne mènent à rien de plus que ce que chacun peut faire avec un coup d'œil naturel sûr, etc. » (*Prolégomènes*, tr. fr. J. Gibelin, Paris, Vrin, 1967, p. 170).

125. F.H. Jacobi, *De l'idéalisme transcendantal* (1787), voir *David Hume et la croyance*, tr. fr. L. Guillermit, Paris, Vrin, 1999.

126. J.G. Hamann, *Metacritica sul purismo della ragione* (1800), trad. it., dans B. Croce, *Saggio sullo Hegel seguito da altri scritti di storia della filosofia*, Bari, Laterza, 4e éd., 1948, p. 205-304 ; J.H. Herder, *Verstand und Erfharung, Eine Metakritik zur Kritik der reinen Vernunft*, 1ère partie ; *Vernunft und*

cours des deux siècles qui suivirent. Les philosophes catholiques autrichiens[127] relevèrent toutes les contradictions qui se cachaient dans la recherche des intuitions sensibles pures et dans la dépendance des pensées d'un Je pense transcendantal.

En dehors du domaine strictement philosophique, les mathématiciens le déclarèrent incompétent et mirent en doute le caractère synthétique des jugements mathématiques[128]. Pour leur part, les physiciens, c'est-à-dire les autres grands modèles de la Révolution copernicienne, lui rendirent toujours un hommage formel, tout en faisant valoir qu'il appartient à la physique, dans son évolution, d'harmoniser la formulation kantienne, fondée sur des concepts absolus d'espace et de temps devenus indéfendables depuis la théorie de la relativité.

Parmi les disciples de Kant eux-mêmes, les réalistes[129] ou les physiologues[130] l'accusèrent d'idéalisme. Les idéalistes lui reprochèrent de s'être montré trop timide dans ses réformes, et de ne pas avoir donné suffisamment de place au Moi comme principe de construction du monde[131], au point de le

---

Sprache. Eine Metakritik zurr Kritik der reinen Vernunft, 2ème partie (1799); Kalligone (1800), in *Werke*, éd. Par G. Arnold et al., Frankfurt/M, Deutscher Klassiker Verlag, 10 vol., vol. VIII, 1998, p. 303-964.

127. Nous en reparlerons dans le chapitre 11.

128. En 1904, 100 ans après la mort de Kant, le grand mathématicien français Louis Couturat (1868-1914) a écrit un essai destiné à démontrer qu'il n'existe pas une seule proposition mathématique qui soit synthétique, et que tout peut y être résolu par l'analyse. Cf. L. Couturat, « La philosophie des mathématiques de Kant », *Revue de Métaphysique et de Morale*, XII, 1904, p. 321-383. Cet essai s'ouvre par une citation de Zimmermann, placée en exergue : « Si les jugements mathématiques ne sont pas synthétiques, toute la critique de la raison kantienne s'écroule. » Le caractère analytique des mathématiques était alors la doctrine dominante, même si elle ne tardera pas à être démentie.

129. J.F. Herbart, *Les points principaux de la métaphysique*, Partie systématique (1829), éd. C. Maigné, Paris, Vrin, 2005.

130. J.F. Fries, *Neue oder anthropologische Kritik der Vernunft* (1807), réimp. de la 2ème éd. (1828), Berlin, Irmer, 1935.

131. V. Verra, *Costruzione, scienza et filosofia, in Romanticismo, esistenzialismo, ontologia della libertà*, Milan, Mursia, 1979, p. 120-136.

forcer à en désavouer les interprétations[132]. Une demi-catastrophe, en somme, qui, néanmoins (et c'est tout à son honneur), n'entama pas le prestige de Kant. Comme on l'a vu, pourtant, l'erreur la plus grossière demeura longtemps inaperçue, comme la lettre volée dans la nouvelle d'Edgar Allan Poe (1809-1849)[133] : elle était trop évidente.

LA LETTRE VOLÉE. Hume avait placé la science sous la dépendance de l'expérience et en avait conclu qu'elle était seulement probable. Kant renverse la perspective et établit la certitude et la nécessité de l'expérience sur le fondement *a priori* de la science.

Il s'agit d'un point intéressant, car c'est ici que réside, confirmée de manière hyperbolique, la continuité fondamentale entre Kant et la tradition qui a dominé la philosophie de longue date, celle pour laquelle la science et l'expérience constituent deux pôles entièrement réversibles : la science est une expérience un peu plus raffinée et systématique, l'expérience une science un peu plus rudimentaire et à la portée de tout le monde, thèse d'autant plus facile à défendre que, encore à l'époque de Kant, les deux sphères étaient plutôt proches l'une de l'autre. Peu de gens auraient pensé, en ces temps-là, à proposer une distinction entre une description du monde tel qu'il apparaît au sens commun et tel qu'il est en réalité, lorsqu'on le voit, par exemple, à l'aide d'un microscope.

Comme nous le verrons plus précisément dans les chapitres 9 et 10, la Déduction transcendantale – au regard de laquelle les conditions de possibilité d'un objet constituent les conditions de possibilité de sa connaissance – fait systématiquement appel à cette illusion, que j'appelle ainsi parce

---

132. Le 7 août 1799, Kant publia un désaveu de la *Doctrine de la science* de Fichte (Ak, XII.3, p. 396-397) : « Une doctrine de la science n'est ni plus ni moins qu'une simple *logique* qui, au moyen de ses principes, ne parvient pas à atteindre les matériaux de la connaissance » ; à la suite de quoi il cite le proverbe : « Dieu me garde de mes amis, mes ennemis, je m'en charge. »

133. « La Lettre volée » (1845), in E. Poe, *Contes, essais, poèmes*, éd. Claude Richard, Paris, R. Laffont, « Bouquins », 1999.

qu'elle comporte une série de conséquences qui condition-
nent la suite de l'entreprise kantienne, et avec elle de la philosophie postérieure.

UN MONDE MENTALEMENT DÉPENDANT. Ces conséquences
(tout comme les inconséquences qui en découlent) sont au
nombre de quatre.
1. On fait dépendre les choses de la manière dont nous les
   connaissons. « Connaître » signifie avoir une expérience
   plus ou moins apparentée à une science, alors que ce n'est
   clairement pas le cas, puisque nous pouvons parfaitement
   rencontrer une chose sans la connaître, c'est-à-dire non seulement sans avoir la moindre idée de ses propriétés internes, mais encore sans l'identifier. Lorsque les habitants de
   Metropolis regardent le ciel et s'exclament : « C'est un
   oiseau, c'est un avion, c'est Superman ! », ce qu'ils veulent
   dire c'est qu'ils voient *quelque chose*, même s'ils ne savent
   pas exactement de *quelle* chose il s'agit[134]. Si nous négligeons ce fait, nous serons obligés de soutenir que nous ne
   voyons une chose que lorsque nous la connaissons, ce qui
   est manifestement faux, bien que Kant, la plupart du
   temps, semble penser qu'il en va exactement ainsi.
2. La phrase « non pas telles que les choses sont en elles-
   mêmes, mais telles qu'elles doivent être faites pour que
   nous en ayons connaissance » comporte une ambiguïté
   qui pèse de tout son poids sur la question du « connaître », lequel peut désigner : (a) les opérations s'exerçant
   à notre insu, sur le plan de la connaissance du monde
   externe, par nos sens et par nos catégories ; (b) comment sont faits, au niveau de la connaissance de nos
   architectures cognitives, nos sens et notre système ner-

---

134. F. Dretske (*Seeing and Knowing*, Chicago, University of Chicago
Press, 1969) propose de distinguer un « voir simple » et un « voir épistémique » ; R. Casati – A.C. Varzi (« Un altro mondo? », *Rivista di Estetica*, n.s.,
19, 2002, p. 131-159) ont au contraire suggéré de différencier une « fonction référentielle » d'une « fonction attributive ». Le sens est toujours
celui-ci : il est possible d'avoir une expérience très complexe sans posséder une entière compétence, à peu près comme on peut utiliser sa main,
un ordinateur ou un ascenseur sans savoir comment ils fonctionnent.

veux ; (c) tout ce que nous savons des choses en qualité d'experts.
3. Dans tous les cas, nous obtenons une réduction des objets aux sujets qui les connaissent qui, en fonction du mode selon lequel on décide d'affronter la question du rôle de la subjectivité, se prête aux interprétations les plus variées[135].
À la version la plus extrême correspond la voie de l'idéalisme transcendantal, laquelle ne consiste pas tant à identifier l'«être» et l'«être perçu», comme c'est le cas dans l'idéalisme de Berkeley, qu'à poser un *esse est concipi*, dans lequel s'exprime apparemment une plus grande prudence, mais qui, en réalité, se révèle bien plus envahissant et pernicieux: les choses n'existent que pour autant que nous nous les représentons de manière consciente, avec une conscience qui constitue aussi le premier fondement d'une science.
4. L'illusion se manifeste surtout dans l'Esthétique et dans l'Analytique (où Kant traite des choses accessibles à l'expérience), mais aussi dans la Dialectique, si du moins on y regarde de plus près. Que Dieu, l'Âme, le Monde, ne constituent pas des sujets sur lesquels nous pouvons statuer de manière concluante, c'est ce que Kant juge évident, pour des raisons qui tiennent à la physique de son temps, en ce qu'elle se sentait incapable de décider si le monde avait ou non un commencement dans le temps. Au XIXᵉ siècle, la même question n'en deviendra pas moins un sujet de discussion scientifique ; l'inconnaissabilité n'est donc pas absolue, comme le pensait Kant, mais historiquement conditionnée[136]. Il ne s'agit pas, bien entendu, de

---

135. Il en résulte une métaphysique qui confond ce que nous savons des choses avec l'expérience que nous en avons, commettant ainsi ce que les psychologues contemporains appellent l'«erreur du stimulus» (U. Savardi – I. Biancchi (éd), *Gli errori dello stimolo*, Vérone, Cierre, 1999). Les «conditions de possibilité» sont ici systématiquement des ressources cognitives, soit au sens de ce qui concerne nos formes de connaissance, soit au sens de ce qui est indissolublement lié à ce que nous savons des choses.
136. Que l'on pense aussi à la phrase, contenue au § 75 de la *Critique de la faculté de juger*, selon laquelle un Newton capable de dévoiler les raisons pour lesquelles pousse un brin d'herbe d'après les lois naturelles

reprocher à Kant de ne pas être prophète, mais de souligner en quoi, avec le temps, ce qu'il avait naturalisé en est venu à s'historiciser.

UNE ILLUSION QUI N'ÉTAIT PAS INÉVITABLE. Une telle illusion aurait-elle pu être évitée ? Peut-être pas à l'époque de Kant, mais elle aurait certainement pu l'être au XXe siècle. Comme on sait, si le menteur ne va jamais bien loin, le faiseur d'illusions n'est pas tellement mieux placé.

Le philosophe américain John Searle (1932) nous a offert un bon moyen de nous en convaincre[137]. La réalité constitue un fond commun que se partagent nos théories, et c'est une erreur de confondre la variété des systèmes de mesure et des schèmes conceptuels avec ce qui leur sert de référence. C'est un non-sens obscur de soutenir que le relativisme conceptuel implique l'antiréalisme, et c'est un non-sens évident de prétendre que Searle ne peut, en même temps, peser 160 (livres) et 73 (kilos). La stratégie de Searle (qui a d'importants précédents dans la philosophie moderne[138]) consiste à souligner la différence entre ce qu'il y a et les diverses manières dont nous connaissons ce qu'il y a[139].

qu'aucune intention n'a ordonnées ne pourra jamais voir le jour, ce que dément frontalement la découverte de l'ADN.

137. J.R. Searle, *La construction de la réalité sociale*, tr. fr. Claudine Tiercelin, Paris, Gallimard, 1998.

138. Il s'agit d'une tradition ancienne qui commence avec la critique de l'empirisme par les philosophes du sens commun (en particulier avec Thomas Reid, 1710-1796), et qui trouve un prolongement dans le réalisme naïf de George Edward Moore (1873-1958 ; Cf. G. E. Moore, « A Defence of Common Sense », in J. H. Muirhead (éd.) *Contemporary British Philosophy*, Londres, Allen and Unwin, 1925, p. 193-223.

139. J.R. Searle, *La construction de la réalité sociale* (1995), op. cit. En ce qui concerne l'épistémologie (le savoir) nous avions des énoncés *subjectifs* comme : « Rembrandt est supérieur à Rubens » (la proposition se réfère à quelque chose que je *sais*, et fait état d'une préférence qui m'est personnelle) et *objectifs* comme : « En 1632, Rembrandt vécut à Amsterdam » (la proposition se réfère à quelque chose que je *sais*, mais elle ne fait pas état d'une préférence personnelle). Même en ontologie (en ce qui concerne l'être), nous avons des énoncés *subjectifs* comme « J'ai mal à la main droite » (la proposition se réfère à quelque chose

De notre point de vue, une autre voie semble pourtant préférable, qui nous permet à la fois de nous référer à la réalité comme à un fond, ainsi qu'à la certitude primitive, tout en présentant cependant la particularité – du moins selon moi – de montrer ce que les formulations de la théorie kantienne de la science présentent d'inadapté à une description de l'expérience. Nous sommes d'accord sur le fait qu'il y a une différence entre le fait de penser une chose et le fait de la connaître. Mais il faut aussi convenir qu'il y a une différence entre le fait de connaître une chose et le fait de la rencontrer, par exemple de se cogner en pleine nuit contre une chaise. On doit admettre que la plus grande partie de notre expérience, aussi sophistiquée soit-elle, repose sur un sol opaque et inaltéré au regard duquel les schèmes conceptuels qui organisent notre savoir n'ont que peu d'importance.

Comme je l'ai déjà montré en parlant de la naturalisation de la physique, dans un travail antérieur j'ai proposé de considérer cette dernière couche comme celle de l'ontologie et la première comme celle de l'épistémologie[140]. Il ne s'agit pas ici de répéter cette théorie, mais de montrer, à l'aide d'un simple papier de tournesol, que la position kantienne confond les deux niveaux. Les études réalisées au cours du XXᵉ siècle – et *jamais* auparavant, ce qui peut faire réfléchir – sur la « physique naïve[141] », c'est-à-dire sur le mode qui caractérise notre expérience du monde – une expérience qui se

que j'*ai* comme sujet ; d'un point de vue épistémique, elle constitue au contraire un fait objectif, s'il est vrai que j'ai mal à la main droite) et *objectif* comme « Le Mont Blanc est plus haut que le Mont Cervin » (un énoncé épistémiquement subjectif serait au contraire celui-ci : « Le Mont Cervin est plus beau que le Mont Blanc »). On voit aisément que nous avons affaire à une différence de niveau ; par exemple, « J'ai mal à la main droite », ontologiquement subjectif, puisque je suis celui qui a mal, devient épistémologiquement objectif s'il est vrai que j'ai mal à la main droite.

140. *Il mondo esterno*, op. cit.

141. O. Lipmann, « Das Wesen der naiven Physik. Grundsätze einer Prüfung der Fähigkeit zu intelligentem physischen Handeln », in O. Lipmann – H. Bogen, *Naiven Physik. Theoretiche und experimentelle Untersuchungen über die Fähigkeiten zu intelligente, Handeln*, Arbeiten aus dem

distingue en diverses occasions de ce que nous savons ou pensons – nous offrent un moyen clair, même s'il ne répond pas toujours à un propos délibéré, d'infliger un démenti à l'équivalence kantienne.

La stratégie des chapitres 6 et 7, où les thèses fondamentales de Kant sont abordées, avec l'intention d'en montrer les limites (pour l'expérience, non pour la science) nous permettra d'articuler cette idée. Nous y examinerons les propositions de Kant sur les schèmes conceptuels et les phénomènes, sur l'Espace et le Temps, le Moi, la Substance et la Cause, afin de voir s'ils suffisent véritablement à expliquer notre expérience.

Institut für angewandte Psychologie in Berlin, Leipzig, Barth, 1923. La réalisation plus accomplie de cette perspective se trouve dans P. Bozzi, *Fisica ingenua*, Milan, Garzanti, 1990. On trouve une explicitation de ces présupposés philosophiques chez R. Casati – B. Smith, « Naive Physics : an essay in Ontology », *Philosophical Psychology*, 7/22 (1994), p. 225-244.

6. Schèmes conceptuels et phénomènes

DES LUNETTES TROP FORTES. Venons-en à l'histoire principale. Dans le chapitre 2, nous avons classé la thèse des schèmes conceptuels et celle des phénomènes parmi les thèses « gnoséologiques », en ce qu'elles concernent les caractères les plus généraux de la manière dont nous connaissons le monde à travers la révolution copernicienne. L'idée fondamentale de Kant, comme nous l'avons vu, est que sans ces sortes de lunettes que sont les concepts, nous ne disposerions pas d'intuitions ordonnées et, en même temps, que les intuitions obtenues grâce aux verres de concepts ne sont évidemment pas les choses en soi, mais les phénomènes, autrement dit les choses qui nous *apparaissent* d'une certaine façon, résultant précisément de la coopération entre notre dotation sensorielle (nous voyons les rayons ultra-violets, mais non les infra-rouges, nos expériences sont exclusivement spatio-temporelles, la télépathie n'existe pas) et notre instrumentation conceptuelle (nous segmentons la réalité en objets grâce à la Substance, nous reconnaissons les successions grâce à la Cause, nous rapportons les expériences à notre Moi.

La thèse de Kant est partiellement raisonnable. Elle est toutefois développée avec un extrémisme qui la rend aisément réfutable. C'est ce que nous ferons dans ce chapitre, en montrant (1) le caractère factuellement insoutenable de la thèse des schèmes conceptuels dans sa forme forte, celle qui a été précisément adoptée par Kant, et (2) l'incohérence théorique de la thèse des phénomènes. Dans le premier cas, nous aurons recours à des arguments empiriques ; dans le second à des arguments logiques.

LA THÈSE DES SCHÈMES CONCEPTUELS. La thèse des schèmes conceptuels – celle selon laquelle «des intuitions sans concepts sont aveugles» – découle directement, dans ce qu'elle comporte d'extrême, de l'illusion transcendantale. Il ne fait aucun doute que pour qu'il y ait science il faut des concepts; toutefois, leur rôle se révèle rigoureusement nécessaire pour l'expérience, voilà qui suscite diverses interrogations.

La première s'impose d'elle-même. En va-t-il réellement ainsi? Des intuitions sans concepts sont-elles réellement aveugles? Il ne s'agit pas simplement de prétendre que je peux heurter quelque chose sans l'avoir prévu ou sans en avoir un concept, mais d'admettre que je puisse avoir des visions très complexes sans reconnaître exactement tout ce que je vois (dans ce cas, j'ai bien l'intuition, mais sans le concept, par exemple lorsque j'observe une partie d'un aspirateur en ignorant de quoi il s'agit); ou que, inversement, je peux disposer d'un concept (aux termes duquel, par exemple, les deux lignes de la figure ci-dessous sont de longueur égale) sans que l'intuition que j'en ai s'accorde avec celui-ci (je continue à les voir de longueur inégale).

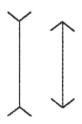

Opposer à cela que pour saisir l'apparente inégalité des deux lignes, il faut bien, de toute façon, avoir recours à des concepts («égalité», «inégalité») constitue une pure pétition de principe, ou mieux un autre non-sens obscur qui devient évident dès lors qu'on soutient, par exemple que pour voir une couleur, le concept de «couleur» est nécessaire (voire le concept de *telle* ou *telle* couleur *déterminée*).

Mais un problème théorique et linguistique encore plus sérieux se cache derrière la question de fait, concernant précisément ce que l'on entend par « concept » (et corrélativement par « schème conceptuel »). Une notion claire et distincte ? Un mot ? Un système physiologique, par exemple les neurones ? Un schème conscient ? C'est probablement ce dernier sens que lui donne Kant – par le biais de la thèse du Moi – bien qu'il ait aussi souvent recours à d'autres, selon des combinaisons diverses. Kant n'est pas responsable de cette confusion, il en hérite. Lorsque Descartes[142] soutient qu'à défaut du concept de « cire », il nous est impossible d'établir la continuité entre la cire solide et odorante, et la cire liquide et inodore, il suit la même ligne de raisonnement. Et il en va de même pour Locke[143] lorsqu'il conteste que le Roi de Siam puisse rester incrédule en écoutant ce que lui racontait l'Ambassadeur de Hollande, évoquant la manière dont, dans son pays, en hiver, l'eau peut devenir solide au point de pouvoir porter un éléphant. Descartes suppose que l'identité nous est fournie par le concept, en ne tenant pas suffisamment compte des nombreuses fois (par exemple au moment même où il écrivait) où il avait pu voir une bougie se consumer ; Locke suppose au contraire que c'est l'habitude qui nous donne l'assurance de l'identité, en ignorant que nous pouvons très bien ne jamais avoir assisté à la transformation d'une flaque d'eau en glace, et que l'expérience nous dit seulement que là où il y avait de l'eau il y a maintenant de la glace.

Tel est précisément le problème. Il aurait été beaucoup plus facile d'expliquer la reconnaissance de l'identité, là où quelque chose se transforme, en faisant appel à l'identité de position spatiale, celle qui nous fait supposer, à juste titre, que d'un cocon un papillon peut sortir et, à tort, que des insectes peuvent naître de la putréfaction de la chair. En d'autres termes, le critère conceptuel d'« identité » utilisé par Descartes se révèle trop fort et semble supposer une connaissance intime des objets, là où celui qui est utilisé par Locke, à l'op-

142. R. Descartes, *Méditations métaphysiques*, édition Adam-Tannery, *cit.*, IX, p. 23.
143. J. Locke, *Essai philosophique concernant l'entendement humain*, cit., IV, XV.

posé, apparaît, d'un point de vue polémique, trop faible et vise à soutenir que nous n'enregistrons pas les transformations que l'expérience ne nous a pas habitués à reconnaître. Pour résumer, l'idée que des intuitions sans concepts sont aveugles apporte une contribution complémentaire à tous les effets liés à cette perspective, rendue possible par la forte indétermination qui affecte le concept de « concept ». À l'arrière-plan du problème linguistique plane un problème plus vaste qui concerne la question tout entière des schèmes conceptuels[144]. On croit que si nous ne faisions pas appel à des schèmes conceptuels, le monde extérieur nous demeurerait inaccessible, mais cela n'est pas dit, puisque pour le prouver il nous faudrait avoir recours à une expérience impossible, celle de voir ce qui arriverait à un sujet qui ne disposerait d'aucun schème conceptuel[145]. En revanche, s'il est une chose que l'on peut démontrer concrètement, c'est que dans de très nombreux cas nous sommes en mesure d'expliquer notre comportement dans le monde sans recourir à des schèmes, et que dans de nombreux autres cas – par exemple celui des deux segments de droite – ce que nous voyons entre en opposition avec ce que nous pensons. À la question de la nécessité des catégories dans l'expérience, on peut donc répondre d'innombrables façons, et soutenir qu'il en faut 12, 120, 1200, voire aucune.

Outre la dépendance des objets à l'égard des sujets[146], il y aussi la détermination exercée sur les objets par les théories

144. Dont Donald Davidson (« Sur l'idée de schème conceptuel » (1974), in *Enquêtes sur la vérité et l'interprétation*, tr. fr. Pascal Engel, Nîmes, J. Chambon, 1998) a établi la vacuité, au moyen de l'argument selon lequel il s'agirait d'un dogme empiriste qui aurait survécu, reposant sur une distinction insoutenable entre le schème (appartenant à l'esprit) et le contenu (appartenant à l'expérience). Ma stratégie est toutefois différente ; elle revendique l'autonomie du contenu par rapport au schème, qui est essentiellement d'ordre épistémologique.

145. G. Kanisza, *Vedere e pensare*, Bologne, Il Mulino, 1991.

146. Comportant l'idée que le monde est le résultat d'une construction du Moi, lequel se révèle ainsi, à la limite, le possesseur de l'univers, selon une perspective qui, après Kant, s'est développée dans l'idée d'une omnipotence de l'Histoire et de la Société dans la construction du monde.

scientifiques, lesquelles ne revêtiraient plus une fonction explicative, mais un rôle constitutif. Supposons qu'un métaphysicien qui aime la physique établisse que l'identité d'un objet dépend de l'état dans lequel se trouvent les particules qui le composent ; s'il en était ainsi, une batterie déchargée devrait être quelque chose d'autre qu'une batterie chargée. Supposons au contraire qu'un métaphysicien qui, lui, aime les neuro-sciences décide que le monde dépend essentiellement de notre configuration cérébrale ; dans ce cas, il me faudrait conclure qu'une lésion pariétale droite doit s'accompagner de la disparition effective de la moitié de l'Espace dans le monde extérieur[147].

DES INTUITIONS SANS CONCEPT SONT-ELLES AVEUGLES ? Toutefois, la thèse selon laquelle les intuitions sans concept sont aveugles, c'est-à-dire l'argument qui accorde un rôle central aux schèmes conceptuels semble pouvoir se défendre de multiples façons.

La première et la plus évidente concerne les constructions culturelles.

Prenons une inscription comme celle qui suit :

SHADOW

On pourrait aisément soutenir qu'un analphabète (voire quelqu'un qui ne sait pas l'anglais) ne déchiffrerait pas l'inscription, et par conséquent ne reconnaîtrait pas non plus les ombres[148]. Mais il est assez clair que le fait d'invoquer la lecture comme un exemple d'intervention des concepts dans l'intuition paraît un peu faible : il est évident que le fait de lire représente une performance conceptuelle dans laquelle le voir s'acquitte d'une fonction auxiliaire.

---

147. Sur ce point, voir le paragraphe consacré à l'Espace dans le chapitre 7.
148. R.L. Gregory, *L'œil et le cerveau*, tr. fr. Michelin Mattheeuws-Hambrouck et Georges Thinès, Bruxelles, De Boeck Université, 2000.

Les historiens de l'art[149], toutefois, font état d'autres exemples qui se réfèrent à la reproduction des objets physiques, et non d'inscriptions : Le Castel Sant'Angelo dans une xylographie allemande de 1540, affichait des traits gothiques ; Notre-Dame, reproduite au XVIIIe siècle par Matthäus Merian, faisait apparaître des éléments d'architecture baroque ; le rhinocéros représenté par Dürer est un étrange monstre qui n'a pas grand-chose à voir avec celui que l'on peut voir au zoo ; la *Tavola Strozzi* est une vue de Naples peinte par un artiste probablement toscan qui a mis, sur les toits blancs de la cité, des tuiles rouges réellement très florentines ; les Indiens d'Amérique, dans les gravures du XVIIIe siècle, se révèlent incontestablement rococo. Aussi convaincants que soient ces exemples, ils ne fournissent certainement aucune preuve décisive, car l'argument ne consiste pas en ce que l'habitude (et non pas les schèmes *a priori,* comme le soutient Kant) peut intervenir dans la perception, et notamment dans une activité aussi sophistiquée que la reproduction visuelle (où interviennent des coutumes expressives dont il est difficile de se libérer, comme peut le vérifier quiconque cherche à imiter une signature). L'argument kantien consiste à faire valoir que la perception est nécessairement subordonnée à des schèmes conceptuels, ce qui non seulement n'est pas prouvé, mais est également réfuté par les exemples des historiens de l'art : ce que nous voyons est toujours un rhinocéros, un indien, le Castel Sant'Angelo, Notre-Dame et Naples, que ce soit ou non avec des aberrations de plus ou moins grande ampleur.

Les psychologues[150], de leur côté, allèguent d'autres preuves qui touchent apparemment à une strate plus profonde. Indépendamment des contenus culturels, les enfants, y compris les tout petits, tendent à projeter des schèmes de

---

149. E. Gombrich, *Art et illusion* (1960), tr. fr. Guy Durand, Paris, Gallimard, 2002.

150. C.E. von Hoften et E.S. Spelke, « Object perception and object-directed reaching in infancy », *Journal of Experimental Psychology:* General, 114 (1985), p. 198-211.

reconnaissance sur les objets[151]. Et l'on peut démontrer que la vision constitue non pas un enregistrement passif, mais une opération active. Il existe une expérience[152] dans laquelle des sujets devaient dessiner de mémoire une figure dépourvue de sens. Certains reproduisaient – en fait ils *interprètaient* – la figure en question comme une pioche, en accentuant l'extrémité; d'autres y voyaient une ancre, en privilégiant d'autres traits caractéristiques. Un seul des sujets la reproduisit correctement en l'ayant identifié comme une hache du néolithique. Morale : là où une catégorie préexistante fait défaut, la déformation devient inévitable. Mais s'agit-il réellement de prouver que les intuitions sans concept sont aveugles ? Et non pas, plutôt, que les concepts *peuvent intervenir* dans les intuitions ?

Il est clair que c'est la seconde hypothèse qui l'emporte, bien qu'elle constitue pour Kant une thèse très raisonnable mais peu intéressante en ce qu'elle accorde un rôle trop modeste aux schèmes conceptuels. On rappelle volontiers[153] que lorsque Marco Polo vit un rhinocéros pour la première fois, il vit en lui une licorne, rapportant ainsi un réel inconnu à un connu irréel. Rien de tout cela ne se discute ; nous avons toutefois affaire à quelque chose de plus radical : pour Kant, il n'est pas question d'attirer l'attention sur le fait que les concepts guident les intuitions – surtout lorsqu'il s'agit de reconnaître ou de dessiner – mais de soutenir que sans intuitions on est aveugle et avant tout que la sphère du visible (et du perçu en général) est totalement déterminée par le conceptuel, ce qui n'est manifestement pas vrai.

Que voyons-nous, par exemple, dans la description d'un

151. On notera toutefois que le schème d'«objet» des enfants de quelques mois seulement peut difficilement être assimilé au schème kantien de «substance».

152. Cf. F.C. Bartlett, *Remembering: A Study in Expermiental and Social Psychology*, Cambridge, Cambridge University Press, 1932, Cf. aussi J. J. Gibson, *The Perception of the Visual World*, Cambridge, Cambridge University Press, 1950.

153. U. Eco, *Kant et l'ornithorynque*, cit., tr. fr., Paris, LGF, 2002. Pour un développement, je me permets de renvoyer à mon étude «Il problema non è l'ornitorinco. È Kant», in *Rivista di estetica*, 13 (2000), p. 110-220.

Odradek, dans « Le souci d'un père de famille », de Franz
Kafka (1883-1924)[154] ? « Au premier abord, on dirait une
bobine de fil plate et en forme d'étoile, et il semble bien en
effet qu'il soit entouré de fil ; ce ne pourrait être il est vrai,
que de vieux bouts de fil cassé de toutes qualités et de toutes
couleurs, noués bout à bout et embrouillés. Mais ce n'est pas
seulement une bobine ; il sort du centre de l'étoile un petit
pivot transversal, auquel un autre bout de bois s'ajoute
encore à angle droit. C'est à l'aide, d'un côté, de ce petit bout
de bois, et, de l'autre, des rayons de l'étoile, que le tout se
tient comme sur des jambes. On serait tenté de croire que ce
système a eu autrefois une forme utile, et que c'est maintenant une chose cassée. Mais ce serait sans doute une erreur ;
rien ne révèle du moins qu'il doive en être ainsi. On n'aperçoit ni ajouture, ni fêlure qui autorise à le penser ; l'ensemble
paraît vide de sens, mais complet dans son genre. On ne sau-
rait d'ailleurs en dire plus long à ce sujet, car Odradek est
extraordinairement mobile ; on ne peut l'attraper. »

Kafka parle d'une chose dont ni lui ni nous ne possédons
aucun concept (ni même la moindre idée) et le jeu tient uniquement à cela. Et avec le jeu vient la morale : au niveau perceptif, ce que nous construisons au moyen de nos schèmes
conceptuels est un bel et beau rien du tout ; par exemple,
nous ne fabriquons ni les pièces ni l'échiquier, mais (et c'est
une autre paire de manches) le jeu des échecs. Et il est bien
qu'il en soit ainsi, car sans cela, nous entrerions dans un
monde fantastique dans lequel, comme le prétend (à tort)
Nietzsche[155], il n'y aurait pas de faits, mais seulement des
interprétations.

Or, reconnaître l'existence de contenus non conceptuels
dans l'intuition constitue un ingrédient indispensable pour
accorder sa juste place au rôle des schèmes conceptuels[156].

154. F. Kafka, *Récits*, in *Œuvres complètes* vol. IV, éd. par C. David,
Paris, La Pléiade, 2007.

155. Qui, dans cette affaire, apparaît comme un extrémiste kantien.
Cf. F. Nietzsche, éd. Colli-Montinari, *Fragments posthumes 1885-1887*, XII,
tr. fr., J. Hervier, Paris, Gallimard, 1978, 7 [60].

156. Ce point a été largement discuté dans la philosophie de ces
deux dernières décennies, à la suite de G. Evans, *The Varieties of Reference,*

Toutefois, c'est précisément ce que Kant, dans son jusqu'au-boutisme, s'est interdit de faire. Face à une affirmation aussi lapidaire que « des intuitions sans concepts sont aveugles », il ne reste donc qu'à répondre :

1. MÊME SANS CONCEPTS, ON PEUT VOIR. Les taches ci-dessous ne sont pas très conceptualisables (le fait de leur donner un nom, « taches » n'est pas encore un concept), mais nous en discernons très bien les rapports et les positions :

2. NOUS POUVONS AVOIR DES CONCEPTS ET NE PAS VOIR. Les groupes de triangles dessinés ci-dessous sont égaux quant à leur forme, leur direction et les rapports entre les éléments de chacun des groupes, ce qui n'empêche pas qu'ils nous semblent différents.

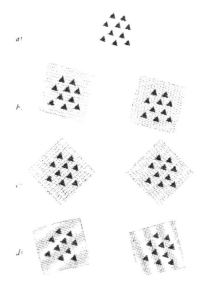

3. Les intuitions sans concept y voient très bien. La possibilité d'obtenir des visions complexes sans comprendre exactement la nature de ce qui est perçu est exactement ce qui arrive aux aveugles congénitaux opérés à l'âge adulte, à la fin du processus de réhabilitation visuelle. D'un point de vue physiologique, nous sommes assurés de voir distinctement les choses que nous avons sous les yeux, mais nous ne réussissons pas à comprendre exactement ce que nous voyons (comme le montre le fait que nous avons besoin de les toucher)[157].

4. Voir un canard-lapin. Une dernière remarque. Il y a un sens dans lequel la thèse des schèmes conceptuels se révèle soutenable, et qui n'est pas seulement, entièrement évident et légitime, celui de l'épistémologie. Sauf que Kant n'y a pas pensé. Il concerne le langage que nous adoptons pour *décrire* notre expérience[158].

Oxford, Oxford U.P. 1982. Cf. J. Bermúdez, *The Paradox of Self-Consciousness*, Cambridge Mass., MIT Press, 1988, en particulier chapitre 3.

157. Cela ne nous situe pas pour autant dans la sphère de la thèse « les intuitions sans concepts sont aveugles » comme le conçoit Kant, mais dans celle d'une célèbre question que le philosophe naturaliste irlandais William Molyneux (1656-1698) a posée à Locke et qui, dans la formulation du 2 mars 1693, se présente ainsi : « Un problème posé à l'auteur de l'*Essai sur l'entendement humain*. Au moyen d'un cube et d'une sphère à peu près de la même grandeur posés dans ses deux mains, on a appris à un homme, né aveugle, à distinguer le cube de la sphère au moyen du toucher et de la sensation ; supposons maintenant que les objets soient posés sur une table, et qu'il recouvre la vue. Est-il capable de savoir en les voyant, et avant même de les toucher, lequel est la sphère et lequel le cube ? Ou bien peut-il savoir par la seule vue, et avant de tendre les deux mains, qu'il ne peut les toucher parce qu'ils sont posés à 20 ou 1000 pieds de lui ? Si le docte et ingénieux auteur du traité précédemment cité pense que ce problème mérite une attention et une réponse de sa part, il peut à tout moment l'adresser à celui qui lui porte tant d'estime. » Pour une présentation des diverses solutions proposées à la question au cours des siècles, et pour la valeur qu'elle revêt aux yeux de la science contemporaine, voir A. Jacomuzzi *et al.*, « Molyneux's Question Redux », *Journal of the History of the Behavioral Sciences*, 2, n° 3, 2003.

158. Le philosophe allemand Emil Lask, 1875-1915 (*Logik der Philosophie*, 1911, in *Gesammelte Schriften*, Tübingen, Mohr, 1923, II, p. 74) avait proposé de reformuler le dicton kantien dans les termes suivants :

On peut certes soutenir que le fait de ne pas réussir à voir en même temps le canard et le lapin (bien que je sache qu'ils y sont tous les deux) dépend de la façon dont je suis fait et non pas dont le canard-lapin est fait. Mais il s'agit surtout de ce que signifie « voir », et ce n'est qu'en ce sens, lié non à la physiologie de la perception (comme le pensait Kant), mais à la grammaire et à la sémantique des mots et des phrases que nous utilisons[159], que l'on peut défendre la thèse selon laquelle « les intuitions sans concept sont aveugles ». Si quelqu'un voyait effectivement en même temps le canard et le lapin, alors probablement « voir » prendrait une significa-tion complètement différente de celle que nous sommes habitués à lui accorder.

LES CONCEPTS SANS INTUITIONS SONT-ILS VIDES ? Venons-en maintenant à la réciproque, c'est-à-dire à la thèse selon laquelle les concepts sans intuitions sont vides. Dans la formu-lation de Kant, une assertion de ce genre a tout l'air d'une évi-dence, découlant tout naturellement de l'idée que les concepts sont comme des lunettes qui se superposent à l'expé-rience : s'il n'y a rien à voir, on ne voit rien, excepté les lunet-tes. Mais ce n'est pas la seule façon de comprendre un

« La forme sans contenu est vide, le contenu sans la forme est nu. » la nudité doit avoir attiré l'attention de Husserl, qui quelques années après, dans *Expérience et jugement* (1938, tr. fr. Denise Souche, Paris, PUF, 1991, § 10), écrit que le jugement est un *vêtement* d'idées jeté sur le monde de l'intuition. Ce qui revient à dire que la forme logique se *superpose*, comme un habit, sur un monde entièrement structuré comme un corps.
   159. L. Wittgenstein, *Recherches philosophiques* (1953), trad. fr. sous la dir. d'E. Rigal, Paris, Gallimard, 2007.

concept. Car un concept pourrait très bien être considéré lui-même comme un *objet*, fût-il purement idéal. Dans ce cas, les concepts sans intuition peuvent se révéler parfaitement saturés. Si le concept de « triangle » est doté d'une valeur, c'est parce qu'il possède des propriétés qui sont indépendantes du sujet qui le pense et le connaît. Sinon, découvrir les propriétés du triangle reviendrait en réalité à observer sa propre âme. Il en résulte qu'il n'est pas vrai que des concepts sans intuition sont vides : je peux disposer de concepts parfaitement formés de choses dont je n'aurai jamais une intuition pour des raisons de fait (une montagne d'or, le plus grand nombre premier) ou de droit (un cercle carré)[160], comme des personnages de roman (de quelle couleur sont les yeux de Lucia Mondella ?) ou de personnages historiques (combien de lecteurs ont-ils présent à l'esprit l'aspect physique de Metternich ?) ou de lieux géographiques un peu éloignés (Wellington est la capitale de la Nouvelle Zélande : c'est tout ce que j'en sais, il ne me vient à l'esprit aucun monument, aucune vue caractéristique aucun restaurant, et pourtant ma propre *cognitio caeca* suffit et elle progresse, au moins pour ma nécessité présente.)

LA THÈSE DES PHÉNOMÈNES. Puisque nous en avons terminé avec les schèmes conceptuels, venons-en à la thèse des phéno-

160. C'est dans cet esprit qu'a raisonné, par exemple, Příhonský (*Neuer Anti-Kant,* cit., p. 25), en développant l'argument suivant : (1) Kant a des problèmes avec la notion de « causalité », qui est à ses yeux *a priori* (nous ne la tenons pas de l'expérience, elle fait partie de l'équipement du Moi pur), bien que l'expérience lui soit nécessaire au moins comme input (s'il n'y avait pas une seule cause dans le monde, nous n'aurions jamais le concept pur de causalité). (2) Si, inversement, nous disons que la causalité est une notion exclusivement conceptuelle, tout ce qui arrive au Moi lorsqu'il applique les concepts purs aux objets d'expérience passe au second plan : « Aussi disons-nous que le fait de *changer*, pour une chose, signifie seulement qu'elle possède, à des moments différents, des propriétés différentes qui entrent en contradiction. Sur cette base, le concept de "changement" n'admet aucune autre composante que conceptuelle : la substance, la propriété, le temps, etc. Il se compose donc uniquement de concepts purs et ne renferme pas une seule représentation empirique ou intuitive. » Nous reviendrons sur l'objectivité indépendante de la pensée au chapitre 11.

mènes qui en est le pendant sur le plan de la sensibilité.
À première vue, cette thèse semble très acceptable, mais à y
regarder de plus près, il en va différemment pour les problèmes qui, cette fois, ne semblent pas essentiellement empiriques (comme dans le cas des schèmes conceptuels), mais
logiques : à quoi nous référons-nous réellement lorsque nous
pensons nous référer à un phénomène et non à une chose en
soi, *dès lors que nous avons soutenu que nous ne connaissons que les
phénomènes?* C'est précisément ce dernier point qui soulève la
principale difficulté conceptuelle. Car ce n'est pas la même
chose (1) d'affirmer qu'un arc-en-ciel est un phénomène et
une chaise est une chose ; et (2) de soutenir que l'arc-en-ciel,
tout comme la chaise ou n'importe quel autre objet situés
dans l'Espace et dans le Temps, ou seulement dans le Temps
(comme la conscience), sont des phénomènes. La première
assertion est caractéristique du sens commun, la seconde est
propre à la révolution copernicienne. Or, il suffit de réfléchir
un peu pour comprendre que le sens commun qui, par
exemple, nous conduit à utiliser, des verbes de perception
comme « voir », « sentir », etc., tous dénués de nuance
sceptique, en sait plus que la révolution copernicienne, et
nous dispense d'un grand nombre de tracas inutiles.

On peut le vérifier aisément. À un endroit, Kant écrit : « les
prédicats des phénomènes peuvent être attribués à l'objet lui-
même, relativement à notre sens ; par exemple, on peut attribuer à la rose la couleur rouge ou le parfum. Mais le paraître
ne peut jamais être attribué à l'objet comme son prédicat,
précisément parce qu'on attribuerait alors à l'objet pour soi
ce qu'il doit à ses relations avec nos sens ou en général au
sujet, comme cela se produit pour les deux anneaux autrefois
attribués à Saturne[161]. » À ceci près que ces deux anneaux
appartiennent bel et bien à Saturne, cette formulation soulève au moins trois interrogations.

1. *Pourquoi les choses devraient-elles être différentes de la façon dont
elles apparaissent?* L'expérience nous démontre que tantôt
elles le sont, tantôt (et il s'agit de la très grande majorité
des cas) elles ne le sont pas ; c'est précisément pourquoi la

---

161. B 68-70.

distinction entre apparence et réalité constitue une pièce capitale de notre mobilier conceptuel dont nous devons en fin de compte nous débarrasser, si du moins nous devons en tout et pour tout donner raison à Kant.

2. *Pourquoi distinguons-nous les choses de leur représentation ?* Lorsque je vois une rose devant moi, je ne pense pas avoir affaire à un pur contenu de conscience (comme quand j'imagine, par exemple, que je pourrais l'offrir à quelqu'un); ma représentation, au moment où je vois la rose, implique aussi que la rose soit là dehors, indépendamment du fait que je me la représente ou pas.

3. Enfin, et avant tout, *si le rouge n'est pas dans la rose, où est-il?* Comme les simulacres des épicuriens – les petites images qui se détachent des choses et frappent nos yeux, provoquant, selon leur théorie, la connaissance – les phénomènes de Kant semblent littéralement suspendus en l'air, ils ne sont ni dans l'objet ni dans le sujet. Et pourtant, nous n'avons jamais vu, dans l'air, en nous promenant dans la rue, ni des simulacres ni des phénomènes.

On objectera qu'il n'y a rien d'étrange dans le fait de soutenir que le rouge n'est pas (seulement) dans la rose, puisqu'il se distribue dans la constitution physique des pétales, de la lumière (la longueur d'ondes, pour ce rouge précis, qui se reflète dans les pétales), et dans l'observateur qui l'enregistre en déterminant les constances perceptives[162]. C'est pourtant précisément sur ce point qu'on ne comprend plus *où se trouve* – et donc *ce qu'est* le rouge – tant il se disperse un peu dans la tête un peu dans les choses, un peu à mi-che-

---

162. Lorsque (par exemple, dans les cas d'empoisonnement au monoxyde de carbone), les mécanismes de la constance chromatique ne fonctionnent pas, les sujets perçoivent la longueur d'onde des couleurs sans percevoir la stabilité chromatique environnementale. En regardant la série des cathédrales de Rouen peinte par Monet, on peut se faire immédiatement une idée de ce que cela veut dire. Cela suffit-il toutefois pour soutenir que les couleurs sont dans l'œil ou dans le cerveau ? Manifestement non, et ce pour des raisons *logiques*: la couleur est conceptuellement dans la chose, et c'est donc une erreur conceptuelle de le nier, pour les mêmes raisons que l'origine psychologique du nombre n'en explique pas la signification.

min, au point que le fait de dire « ce stylo est rouge » équivaudrait à employer une expression hors de propos : il nous faudrait réformer le vocabulaire[163].

C'est aussi pourquoi, ailleurs, Kant parle du rouge comme d'une propriété objective des choses. Par exemple, il observe[164] très justement que si le cinabre se révélait tantôt rouge, tantôt d'une autre couleur, notre monde serait un chaos et un véritable fouillis. Mais comment cela se peut-il si, en fin de compte, les couleurs sont en nous ? La théorie de Kant ne permet pas de répondre à des questions comme : quelle différence y a-t-il entre percevoir et simplement *imaginer* que l'on perçoit ? Entre le fait de regarder sa montre et celui de penser à une montre ? Ce n'est pas une moindre lacune, puisqu'elle comporte en dernière instance la disparition du monde objectif, puisque l'objectivité serait celle de quelqu'un qui voudrait démontrer qu'un fait est vrai en fournissant pour unique preuve deux copies du même journal rapportant manifestement la même information. Ça marche un peu, mais seulement jusqu'à un certain point : prouver pour croire.

---

163. Ce qui est toujours possible, mais avec une métaphysique radicalement corrective.
164. A 100-101.

7. L'Espace et le Temps

QU'EST-CE QUE L'ESTHÉTIQUE TRANSCENDANTALE ? Les thèses gnoséologiques ayant été expliquées, nous procédons maintenant à la déconstruction des thèses de l'Espace et du Temps. Kant traite de l'Espace et du Temps dans l'esthétique transcendantale, terme qui peut sonner étrangement à nos oreilles, accoutumés comme nous le sommes depuis quelques siècles à associer l'« esthétique » à la « philosophie de l'art ». Comme nous l'avons vu, pour Kant, « esthétique » signifie, toutefois, étymologiquement, « sensibilité », et renvoie au domaine de l'enregistrement des sensations, tout comme la logique renvoie à celui de l'engendrement des pensées. Quand nous voyons une rose, nous la reconnaissons dans l'Espace et dans le Temps ; il n'y a pas d'autre dimension. Ils constituent les deux grands axes de l'esthétique transcendantale. Plutôt intuitif, n'est-ce pas ? En fait, isoler l'Espace et le Temps comme formes pures de l'intuition, n'est pas pour Kant une question exagérément problématique, puisqu'il a été amené à formuler ses thèses onze ans avant de publier la *Critique de la raison pure*[165]. Elles sont en outre facilement acceptables parce qu'elles ne heurtent pas vraiment le sens commun.

Pour Strawson[166] – dans l'interprétation austère et minimaliste dont il s'est fait le héraut – les deux thèses de l'esthétique transcendantale affirment simplement que toute expérience cohérente possède une mise en ordre temporelle et que de nombreuses expériences disposent d'une mise en

165. E. Kant, *De mundi sensibilis atque intelligibilis forma et principiis* (1770), tr. fr. A. Pelletier, *La Dissertation de 1770*, Paris, Vrin, 1995.
166. P. F. Strawson, *The Bounds Of Sense: An Essay On Kant's Critique Of Pure Reason*, op. cit., p. 61.

ordre spatiale. Toutefois, Kant ne se montre pas aussi modéré. Que ce soit au regard de l'Espace ou du Temps, il veut démontrer beaucoup plus, et précisément :

1. Que l'espace et le Temps sont A PRIORI, c'est-à-dire indépendants de l'expérience.
2. Qu'ils ont un statut TRANSCENDANTAL, c'est-à-dire qu'ils la rendent possible.
3. Que ce sont des INTUITIONS (singulières et immédiates) et non des concepts (universels et médiats) [167].

ESPACE. Vérifions avant tout les affirmations de Kant en ce qui concerne l'Espace.

Quant à sa nature *a priori*, on démontre que l'Espace précède les objets en soutenant que nous pouvons penser un Espace sans objets, mais non des objets sans l'Espace. Clairement, Kant ne s'est pas demandé s'il était réellement possible de penser un Espace sans la moindre couleur, et donc il appuie son affirmation en se fondant sur une notion par trop surdéterminée d'« objet[168] ». Mais ce n'est pas tout. Avec sa thèse, Kant veut souligner que l'Espace est dépendant des caractéristiques du sujet pur. Mais si l'on objecte que l'Espace possède au moins une couleur (attention ! le blanc et le noir, à ce titre, valent aussi), on s'aperçoit que cette loi dépend intégralement de l'objet.

Nous en venons donc à la nature transcendantale de l'Espace. La thèse consiste à dire que l'Espace pur rendrait possible notre expérience des objets. Il est clair que se trouve postulée ici une parfaite coïncidence entre la géométrie (comme garante de la certitude de l'expérience) et la perception (comme moyen à travers lequel nous faisons l'expérience du monde). Mais c'est une affirmation qui repose non pas sur des considérations *a priori* (comme c'était le cas pour la

---

167. Comme nous l'avons vu – et nous y reviendrons sous peu – il y a une quatrième chose que Kant néglige de démontrer parce qu'il la tient pour évidente, à savoir que l'espace coïncide avec la *géométrie euclidienne* (ce qu'il déclare de manière explicite) et que le temps équivaut à l'*arithmétique élémentaire* (ce qu'il admet implicitement).

168. C. Stumpf, « Psychologie et théorie de la connaissance » (1891), in *Renaissance de la philosophie*, tr. fr. D. Fisette, Paris, Vrin, 2006.

réfutation de la thèse métaphysique), mais factuelles : en réalité, l'Espace de la perception ne coïncide pas entièrement avec celui de la géométrie euclidienne, au regard duquel nous sommes des géomètres à la fois surdoués et sous-doués.

Le cas des opposés incongrus apparaît assez éloquent à cet égard, et il est d'autant plus intéressant que Kant a été amené à s'y référer à plusieurs reprises[169] sans en tirer les conséquences nécessaires à l'égard de sa propre théorie : si nous étions véritablement des géomètres exclusivement euclidiens, nous ne devrions pas être capables de reconnaître l'identité entre des figures non superposables comme, par exemple, la main droite et la main gauche, ou deux triangles dessinés sur deux hémisphères. Dans des cas de ce genre, il ne nous est pas possible de faire appel à la preuve élémentaire consistant à superposer les deux objets pour en vérifier l'identité (n'oublions pas que des mains jointes ne sont pas superposées ! Essayez de les superposer véritablement : que ce soit de manière sanglante ou sans verser de sang, vous verrez que ça ne fonctionne pas).

En réalité, nous saisissons l'identité même sans la superposition, et nous nous révélons, à ce titre, surdoués. Dans d'autres cas, au contraire, ils nous apparaissent comme des solides plausibles, alors qu'ils ne le sont pas en réalité (le dessin ci-dessus ne tient pas debout, mais, en général, nous nous en rendons compte après qu'on nous l'a dit), et nous apparaissons alors sous-doués.

169. Pour un développement, je me permets de renvoyer à mon article « Lo strano caso degli opposti incongruenti », in *Rivista di estetica*, n.s., 11 (2/1999), p. 39-52.

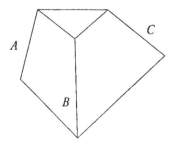

Quant à l'affirmation selon laquelle l'Espace est une intuition et non un concept, il faut s'entendre. Du point de vue *géométrique*, l'Espace est une intuition ou peut être considéré comme tel. Du point de vue *écologique*, qui nous permet de nous mesurer dans l'expérience, nous avons objectivement affaire à des Espaces différents (ouvert et fermé, aérien ou terrestre, mental et réel) qui sont ensuite rassemblés, exactement comme des exemplaires empiriques, sous le concept général d'«Espace[170]». Cela s'applique *a fortiori* au niveau *physiologique*: comme nous l'avons vu plus haut, celui qui est affecté d'une lésion pariétale droite manque littéralement, dans son expérience perceptive, de la moitié de l'Espace (il laisse les plats à moitié, ne met son

170. Le psychologue américain James J. Gibson (1904-1979), pendant la Seconde Guerre mondiale, collaborait avec l'aviation militaire. On avait fait appel à lui pour trouver une solution à des incidents qui se produisaient au cours des atterrissages : il arrivait que des pilotes faisant leurs premières armes s'écrasent au sol en suivant pratiquement la même trajectoire que celles qu'ils suivaient en vol. Comment expliquer cela ? Le fait est que, comme Gibson le découvrit, les caractéristiques de l'espace aérien sont très différentes de celles de l'espace terrestre, ce dont le débutant ne se rendait pas compte, de sorte qu'il ne parvenait pas à se former un concept unitaire d'espace aérien et terrestre, avec pour effet les catastrophes susceptibles d'en résulter. (Cf. J.J. Gibson, *Un approcio ecologico alla percezione visiva*, 1979 ; tr. R. Luccio, Bologne, IL Mulino, 1999).

manteau qu'à moitié, etc.[171]). Autant dire que la construction de l'Espace, à ce niveau, correspond paradoxalement beaucoup plus à la thèse du rôle constitutif des concepts dans l'expérience que ce qui se passe, comme nous le verrons, dans les thèses de la logique transcendantale.

TEMPS. Venons-en au caractère *a priori* du Temps, c'est-à-dire à la condition sous laquelle, pour Kant, la forme pure du Temps précède et inclut toute expérience temporelle. En est-il réellement ainsi ? Nous apercevons-nous du Temps sans le mouvement et le changement ? En fin de compte, la thèse selon laquelle si nous ne possédions pas le sens du Temps, nous ne percevrions pas le mouvement ne semble pas plus solide que celle selon laquelle, en l'absence de mouvement, nous n'aurions pas l'expérience du Temps. La situation est analogue au cas de la priorité présumée de l'Espace par rapport aux objets, et la thèse de Kant s'appuie indûment aussi bien sur l'expérience impossible d'un monde hypothétique sans Temps que sur la variété des sens à propos desquels est utilisé le mot « Temps » ?

Quant au premier point, l'expérience impossible, on peut, également dans ce cas, rejeter sur les objets le caractère *a priori* que Kant attribue au Temps comme forme du sens interne, par exemple en pensant à ce qu'Aristote avait déjà observé[172], à savoir que le Temps apparaît phénoménologiquement dépendant du mouvement des objets dans le monde extérieur. De façon banale, dans un état de privation sensorielle, ou si l'on reste longtemps immobile dans une pièce sombre, on perd le sens du Temps, alors que pour Kant, il devrait au contraire demeurer toujours actif, pas moins que le Je pense auquel il s'identifie.

---

171. Cf. C. Becchio, *Ragionamento deduttivo e spazialità. Un'ipotesi sperimentale e alcune considerazioni filosofiche*, Thèse en esthétique, Université de Turin, 1999-2000.

172. « En vérité, nous percevons simultanément le mouvement et le temps, et s'il fait sombre et que nous ne souffrons d'aucune affection corporelle, mais qu'un certain mouvement demeure présent dans notre âme, il nous semble tout à coup que simultanément un certain temps s'est écoulé » (*Physique*, 219a).

Quant au second point, il n'est pas difficile de voir toute l'ambiguïté et la polysémie du « Temps » dont parle Kant : tantôt il est défilement de ce qui est à l'extérieur, tantôt flux interne de notre conscience, tantôt encore cette conscience elle-même et rien d'autre. Et ceci est une autre confusion obscure qui devient manifeste au moyen d'un simple contre-exemple : si nous décidons de donner au borsch le nom de « pizza », on pourra tranquillement affirmer que la pizza est le plat national russe ; de même, si nous appelons « Temps », à la fois l'aube et le coucher du soleil, le fait que nous nous ennuyons et que nous sommes anxieux et nos contenus mentaux, représentations spatiales comprises, il ne sera pas difficile d'admettre que le Temps est partout. Il est assez évident que, selon cette perspective, le Temps est dans le sujet, mais seulement parce qu'il se révèle essentiellement coïncider avec lui.

Venons-en maintenant à la transcendantalité, c'est-à-dire au fait que le Temps ne dérive pas des expériences mais les rend possibles. En effet, le Temps ne semble pas avoir une signification transcendantale pour les objets, mais pour les événements seulement. Si je dis qu'une table se trouve là, j'en affirme la présence spatiale : qu'elle soit aussi dans le Temps n'ajoute rien ; inversement, la chute d'une feuille exige nécessairement le Temps pour être une chute. Pourquoi Kant n'a-t-il pas pris en considération une chose aussi évidente ? Si nous suivons son raisonnement, le Temps constitue pour nous quelque chose de beaucoup plus immédiat que l'Espace ; il ne tient apparemment pas compte du fait que la montre est – dans des conditions normales – un instrument d'usage beaucoup plus fréquent que le mètre, ce qui montre que nos intuitions temporelles sont beaucoup moins nettes que nos intuitions spatiales. Que le Temps précède l'Espace, l'englobe et intervient partout est en fin de compte l'objet d'une pétition de principe : puisque toutes les choses, pour être connues, doivent être soumises à l'unité synthétique de l'aperception, c'est-à-dire au Je, lequel est fait de Temps, alors le Temps devrait précéder toute chose. Si notre but premier, au lieu de connaître, était de provoquer instantanément en nous des douleurs en heurtant notre orteil gauche contre des tabourets, nous pourrions être certains que la priorité, malgré tout, devrait être accordée à l'Espace.

D'où il résulte également que Kant traite le Temps à la fois comme une intuition (le sens interne) et comme un concept (le Moi comme conscience), et que par conséquent l'affirmation selon laquelle le Temps constitue une intuition repose de nouveau sur l'usage ambigu du mot « Temps ». Mais l'inclusion de l'Espace dans le Temps contraste avec l'argument adopté par Kant pour réfuter l'idéalisme, à savoir que la perception d'un flux temporel dans le Moi démontre qu'il y a quelque chose de constant en dehors de nous, à savoir un monde externe et indépendant[173]. Encore une fois, on voit ici se manifester l'extrême instabilité d'un tel concept de « Temps » (Temps physique externe, sens interne, matière du Moi) et c'est pour cette raison que, apparemment sans y prêter attention, Kant soutient à la fois que le monde est dans le Moi, et que le Moi est dans le monde.

LA SIGNIFICATION DE LA MATHÉMATISATION. Ce qui nous intéresse le plus c'est toutefois le geste par lequel Kant transcrit l'Espace dans la géométrie et le Temps dans l'arithmétique, en préparant ainsi son coup : homogénéiser l'expérience et lui conférer une nécessité qui la mette à l'abri de la critique empiriste. À ce point, nous disposons d'un monde sensible mathématisé et stable, et non plus brut et soumis au hasard, mais il nous reste à comprendre si l'intellect possède authentiquement des principes *a priori* de carac-

---

173. B 275 sq. En soi, l'argument n'est pas très convaincant. L'idée de Kant est que dans la mesure où le Moi se perçoit lui-même comme un flux temporel, il doit y avoir quelque chose d'extérieur qui soit stable, c'est-à-dire un monde extérieur par rapport auquel précisément le Moi se sente pris dans un flux. Mais un simple voyage en train suffit à démentir ce principe : le train peut se mouvoir, tout en étant encore en gare (c'est-à-dire, dans les termes de Kant, à l'intérieur et pas à l'extérieur) ou bien on peut avoir l'impression d'être à l'arrêt lorsqu'un autre train se déplace parallèlement à la même vitesse que le nôtre.

tère ampliatif et non seulement analytique. Ici encore, c'est la mathématique qui se taille la part du lion ; il s'agit pourtant de démontrer qu'il y a des jugements synthétiques *a priori* qui ne sont pas mathématiques, c'est-à-dire précisément la Substance et la Cause, et que ces jugements, comme tels, ne résident pas dans les choses, mais dans le Moi qui les connaît. Les trois thèses ontologiques qui restent appartiennent à l'Analytique. Examinons-les.

8. Le Moi, la substance, la cause

Moi. Le monde comme représentation. En ce qui concerne la théorie du sujet, Kant se situe à mi-chemin entre Descartes et Husserl (1859-1938). Le Je pense ne constitue ni un point aveugle et privé de contenus véridiques positifs, comme le *cogito* cartésien, ni une sphère pleine de représentations nécessaires (la totalité du monde des phénomènes et de leurs lois) comme l'*Ego* transcendantal de Husserl. Il possède certes quelque chose, mais pas grand-chose : en l'occurrence, deux formes pures de l'intuition et douze catégories.

Pour cette raison, le Je pense se présente comme le père de tous les principes, comme le principe suprême de tous les jugements synthétiques : il n'y a d'expérience que par référence au Moi. Nous avons vu en quoi cette affirmation était à la base de la révolution copernicienne, et en quoi l'omniprésence du Moi était due pour une bonne part à la confusion systématique entre le Moi et le Temps, favorisée par Kant, qui réélabore une intuition d'Augustin d'Hippone (354-430), pour qui le Temps n'est pas le résultat du mouvement des objets dans l'Espace, mais le développement (la « distension », dit Augustin) de l'âme.

La thèse de Kant, comme nous l'avons vu, consiste à affirmer que la totalité de l'Espace est contenue dans le temps, qui est lui-même l'étoffe dont le Moi est fait[174]. L'identification s'avère d'autant plus facile pour Kant qu'il ne distingue pas de manière suffisamment claire le Moi de ses contenus. Pour lui, des propositions comme :

---

174. Heidegger a fait l'éloge de ce concept de « temps » dans son livre sur Kant de 1929, mais le prix qu'il lui attribue, dans une perspective existentialiste, c'est-à-dire hyper transcendantaliste (le monde est à la disposition de l'homme) peut se transformer en autant de défauts.

(1) « je pense que 2 + 2 = 4 »
(2) « je sens que le café est sucré »
(3) « je suis triste »
sont substantiellement du même type.

Or, il apparaît assez clairement que (3) est très différente de (1) et de (2), en ce qu'elle représente la seule expression qui dépende rigoureusement du Moi, puisque 2 + 2 = 4, et le café est sucré (à supposer qu'il le soit), même si je ne le pense pas ou ne le sens pas.

En partant de cette remarque, je voudrais me concentrer sur un point crucial que nous n'avons pas examiné jusqu'à présent. La thèse selon laquelle le Je pense constitue l'unité synthétique des représentations (Kant dit « aperception », c'est-à-dire perception consciente) contient en elle l'idée que tout, des pensées aux souvenirs, des perceptions aux hallucinations, de ce qui existe en nous à ce qui existe au-dehors de nous, est « représentation » : Kant l'écrit d'ailleurs clairement[175], même si c'est dans l'intention louable de différencier différents types de représentations : « le genre est la représentation en général (*repraesentatio*) ; au-dessous, il y a la représentation avec conscience (*perceptio*). Une perception qui se réfère exclusivement au sujet, comme modification de son état, est une sensation (*sensatio*) ; une perception objective est une connaissance (*cognitio*). Celle-ci est ou une intuition ou un concept (*intuitio vel conceptus*). L'intuition se réfère à l'objet de manière immédiate et elle est singulière ; le concept s'y réfère de manière médiate, par l'intermédiaire d'une marque qui peut être commune à plusieurs choses. Le concept est ou empirique ou pur ; et le concept pur, dans la mesure où il a son origine dans le seul entendement, et non pas dans la pure image de la sensibilité, s'appelle une *notion*. »

Il en résulte la classification suivante :

175. A 320 / B 377.

Représentations			
Consciente : **perception**			Il n'y a pas de re- présen- tations incon- scien- tes
Subjective : **Sensation**	Objective : **Connaissance**		
	Intuition (immédiate et singulière)	**Concept** (médiat et universel)	
	Empirique	**Pure** (notions pure- ment intel- lectuelles et idées)	

Conformément à la thèse des phénomènes, tout est représentation, et conformément à la thèse du Moi, il n'y a pas de représentation qui ne soit consciente. Un tel fait n'est pas rien : le monde se projetterait systématiquement sur l'écran d'un esprit vigilant. Confrontons maintenant la taxinomie de Kant avec celle de Leibniz[176] :

Idées			
Obscures	**Claires**		
	Confuses	**Distinctes**	
		Adéquates	**Inadéquates**

---

176. « Méditations sur la connaissance, la vérité et les idées », tr. fr. in *Opuscules philosophiques choisis,* op. cit.

Chez Leibniz, la connaissance obscure est celle que l'on a d'une chose perçue sans être aperçue, c'est-à-dire sans être reconnue consciemment. Tel est le cas pour un malaise que l'on peut éprouver avec certaines personnes ou dans certaines circonstances, sans pouvoir en donner une raison (il se peut que la raison nous en devienne claire après coup, en réfléchissant, ce qui démontre que ces perceptions existent bien, même si elles ne sont pas aperçues). Cette connaissance obscure devient claire au moment où elle passe à l'aperception : selon un autre exemple de Leibniz, le sanglier a certainement enregistré dans son champ visuel une figure (un homme, par exemple) au fond d'un pré; mais c'est seulement lorsque cette figure émet un bruit que la perception devient consciente et que le sanglier charge en direction du stimulus. Sa connaissance, claire, peut toutefois se révéler confuse : le sanglier sait-il vraiment qu'il attaque un homme ? Il en va différemment de la connaissance distincte, celle où la perception est précisément accompagnée d'un concept permettant d'analyser les caractéristiques qui la composent.

Chez Kant comme chez Leibniz, on trouve plus ou moins la même manière de cataloguer ce que l'on appelle, de manière trop générique, une « représentation », à ceci près, comme on peut le voir, que Leibniz accorde un large place aux représentations obscures (celles qui ne sont pas perçues, par exemple un mal de dents lorsqu'il s'agit seulement d'une gêne confuse ou le bruit de chacune des gouttes d'une cascade), là où Kant, en raison de sa thèse selon laquelle le Moi doit accompagner toutes les représentations, se trouve dans l'obligation d'exclure l'hypothèse de représentations inconscientes. Il en résulte deux défauts, l'un propre à Kant, l'autre propre à toute la philosophie du dix-septième et du dix-huitième siècles, mais particulièrement grave dans une formulation cognitive qui confère un rôle hégémonique au Je pense.

1. *La moitié du monde qui n'est pas faite de représentations est oubliée.* C'est ce qui est ouvertement théorisé par Kant avec l'hypothèse selon laquelle nous connaissons les phénomènes et non pas les choses en soi. Thèse qui apparaît encore plus problématique lorsqu'elle ne se réfère pas à des enti-

tés situées hors de l'Espace et du Temps, mais à des entités
spatio-temporelles, comme le mal de dents précisément,
qui se présenteraient seulement sous une forme pleinement consciente et sans aucune phase de latence.

2. *On oublie que le monde n'est pas une représentation.* Comme je
le rappelais il y a un instant, pour Kant « représentation »
(exactement comme « idée » chez Leibniz) désigne les
souvenirs et les perceptions, les concepts et les idées. Et
c'est ce qui finit par annuler la différence entre interne et
externe, tout comme les caractères phénoménologiques
du monde qui – ne le négligeons pas – admettent que
quelque chose soit un phénomène et que quelque chose
d'autre ne le soit pas.

Les problèmes liés au second point, c'est-à-dire à la mise
sur le même plan du « monde » et de la « représentation »
sont nombreux (et comme nous nous en souvenons, ils inves-
tissent toute la philosophie entre Descartes et Kant). Enumé-
rons-en quelques-uns.

1. On omet de considérer que certaines représentations ne
se trouvent qu'en nous, tandis que d'autres possèdent la
caractéristique d'être tournées vers des choses en dehors
de nous[177].

2. On ne tient pas compte du fait que, entre une perception
et un souvenir, entre le soleil vu à midi et le soleil dont on
se souvient à minuit, il y a une différence telle quelle rend
inapplicable le terme de « représentation » dans les deux
cas[178].

177. F. Brentano, *Psychologie d'un point de vue empirique* (1874), trad.
franç., livre II, chap. premier, § 5, Paris, Vrin, 2008.

178. J. Locke, *Essai philosophique concernant l'entendement humain*, cit.,
IV, II, 14 : « Je demande à quelqu'un s'il n'est pas invinciblement
conscient d'avoir deux perceptions différentes quand il regarde le soleil
de jour ou quand il y pense la nuit, lorsqu'il goûte réellement l'armoise
ou sent une rose et lorsqu'il ne fait que penser à cette saveur ou à ce parfum. La différence entre une *idée* ressuscitée à notre esprit par la
mémoire et une idée que nos sens suscitent réellement dans notre esprit
nous apparaît avec autant d'évidence que celle qui existe entre deux *idées*
distinctes. Si quelqu'un prétend qu'un rêve peut produire les mêmes
effets, que toutes *ces* idées peuvent être produites en nous sans aucun
objet externe, je l'invite à rêver que je lui réponds ainsi : 1. Il n'est pas

3. On ne tient pas compte du fait que, par exemple, les images sont statiques et ne nous offrent qu'une seule perspective, tandis que les choses se présentent sous de nombreuses perspectives[179].

4. L'image mentale est de nature interne et elle est modifiable dans certaines limites ; l'« image externe » n'est pas une image ; elle est une chose située à une certaine distance de l'œil, et elle n'est pas modifiable, cela ne dépend pas de nous[180].

très important que je parvienne ou non à vaincre ses scrupules : là où tout n'existe qu'en rêve, raisonnements et arguments ne sont d'aucune utilité, la vérité et la connaissance ne sont rien. 2. Je crois qu'il admettra la différence très claire qu'il y a entre le fait de rêver que l'on est dans les flammes et celui d'en être réellement la proie. Mais s'il est décidé à se montrer aussi sceptique en allant jusqu'à prétendre que ce que j'appelle être réellement la proie des flammes n'est qu'un rêve, et que nous sommes incapables, de cette manière, de réellement savoir avec certitude qu'une chose comme le feu existe réellement hors de nous, alors je répondrais que nous éprouvons sans aucun doute le plaisir ou la douleur issues de l'application à nous-mêmes de certains objets dont nous percevons l'existence ou dont nous rêvons que nous les percevons au moyen de nos sens, et que cette certitude est aussi grande que notre bonheur ou notre malheur, au-delà desquels connaître ou être n'ont aucune importance pour nous. »

179. Platon, *La République*, 597a sq. L'argument est repris par Gibson, *Un approcio ecologico alla pezrcezione visiva*, op. cit.

180. Une telle résistance ou *inéluctabilité* (Cf. *Il mondo esterno*, op.cit.) me semble pertinente. Regardant le feu, il m'est permis de penser qu'il s'agit d'un phénomène d'oxydation ou d'une action exercée par le phlogistique et le calorique, il m'est impossible (si je me trouve dans des conditions normales) de ne pas me brûler en mettant la main dans le feu, et il s'agit de manière caractéristique de l'une des choses dont nous mettrions, me semble-t-il, vous et moi la main au feu. Les images elles-mêmes ne vont pas sans contraintes (il n'y a pas de couleur sans extension, il n'y a pas de note sans durée). Descartes avait déjà observé la même chose à propos de la fantaisie des images picturales ou oniriques qui, en dépit de leur extravagance, ne sont pas dénuées de règles. On pourrait dire, du coup, que l'argument de l'inéluctabilité ne fournit aucun critère pour distinguer les choses des images, mais il n'en demeure pas moins que les images se révèlent bien plus malléables que les objets.

5. Les images mentales peuvent être grandes et petites, c'est-à-dire ni grandes ni petites[181].
6. Les images (internes) n'ont ni odeur ni saveur[182].
7. L'image de l'aiguille ne pique pas, l'image du téléphone ne téléphone pas[183].

Bien entendu, on peut parfaitement négliger tout cela et conclure sans détours, suivant en cela un kantien cohérent comme Schopenhauer, que le monde est ma représentation : le monde est dans la tête, et la veille comme le songe sont les pages d'un même livre[184]. Mais dans ce cas, on ne tient pas compte du fait que le monde (ou mieux, des portions de monde plus ou moins grandes) *est représenté* dans la tête, et que la tête, toute entière, *est* réellement dans le monde.

Pour montrer de manière décisive combien la prétention de la « représentation » à être omniprésente est peu crédible, proposons au lecteur une expérience facile : il suffit qu'il porte des lunettes. Qu'il les enlève donc et les éloigne lentement. À une certaine distance, il verra un monde, à partir d'un certain moment en les éloignant davantage (à environ 15 centimètres), il verra deux choses : l'image du monde (notre représentation), et puis, autour, de manière plus floue, le monde. On obtient aussi la même chose sans lunettes.

181. Je pense à un triangle, mais si l'on me demande la longueur de ses côtés je peux répondre un centimètre et demi, 15 centimètres, un mètre et demi et jusqu'à 15 mètres si je m'imagine que le triangle se trouve à quelque distance. L'image mentale de l'autoroute Turin-Milan ne mesure pas 126 kilomètres et elle ne dure pas deux heures.

182. William James, *The Principles of Psychology* [1890], Cambridge, Mass., Harvard University Press, 1981, chapitre XVIII.

183. Th. Reid, *An Inquiry into the Human Mind: On the Principles of Common Sense*, éd. par Derek R. Brookes, Edinburgh, Edinburgh University Press, 2000.

184. A. Schopenhauer, *Le monde comme volonté et représentation* (1819), op. cit., § 5 : « La vie et les rêves sont les pages d'un même livre. La lecture continue est la vie réelle. Mais lorsque l'heure habituelle de la lecture (la journée) s'achève et qu'arrive le moment du repos, nous continuons souvent, oisivement, à feuilleter le livre, en ouvrant tantôt telle page, tantôt telle autre, sans aucun ordre ni suite, en nous arrêtant une heure sur une page déjà lue ou sur une nouvelle, mais le livre que nous lisons est toujours le même. »

Si l'on se met un doigt dans l'œil et si l'on dédouble l'image, personne ne pensera que l'on a créé deux objets, mais l'on pensera, au contraire, que l'on a affaire à un objet et à une image fantôme[185]. Voilà une chose que l'on oublie avec la thèse du Moi, ce qui n'est pas rien, puisque la philosophie de Kant trouve sa possibilité ultime propre dans de telles confusions. Nous aurons un moyen de le vérifier aussi dans le chapitre 9 en parlant du schématisme ; pour le moment, notons que Substance et Cause – les deux principes dont nous nous apprêtons à traiter – deviennent des contenus mentaux en un sens beaucoup plus fort que Kant ne l'aurait souhaité.

LA SUBSTANCE. À propos de la Substance[186], on peut proposer une interprétation austère dans laquelle on peut voir l'expression d'un principe épistémologique aux termes duquel l'expérience de l'objectivité exige que des rapports temporels objectifs soient déterminés. Toutefois – si l'on veut aller un peu dans le détail quant à la thèse de la substance comme permanence de quelque chose dans le Temps – trois sortes de problèmes au moins se posent.

1. *La substance se révèle sous-déterminée* en plusieurs sens. (1) les trous, les ombres, les reflets, les phosphènes et les refrains constitueraient des substances, dans l'hypothèse de Kant, en ce qu'ils jouissent d'une permanence dans le Temps. Quelqu'un peut certes affirmer que les trous[187] représentent des entités métaphysiques respectables, tout comme les ombres, puisqu'ils possèdent une identité (« regarde ce trou à gauche », « mets-toi à l'ombre ») ; et la consistance ontologique des refrains et des symphonies – c'est ce qui

185. M. Merleau-Ponty, *Le visible et l'invisible*, Paris, Gallimard, 1964 : « La perception binoculaire n'est pas faite de deux perceptions monoculaires superposées, mais elle appartient à un autre ordre. Les images monoculaires ne *se trouvent* pas dans le même sens où se trouve la chose perçue avec les deux yeux. Ce sont des fantasmes, alors qu'elle est le réel. »

186. En traitant de la « substance » et de la « cause », je réélabore *Le monde externe*, cit., p. 71-82, auquel je renvoie pour un développement plus étendu.

187. R. Casati – A.C. Varzi, *Bucchi e altre superficialità*, Milan, Garzanti, 1996.

est protégé, par exemple, par les droits d'auteur – est incontestable. Il est pourtant très probable que Kant n'aurait pas été d'accord, puisque pour lui la substance est essentiellement ce qui, plus tard, aurait été classé dans la table périodique des éléments. S'ajoute à cela que : (2) l'Espace et le Temps, en demeurant indubitablement dans le Temps, seraient des substances, autant que la lumière et beaucoup d'autres choses, y compris la musique d'ascenceur. (3) Tout comme le mal de dents, les obsessions, les souvenirs, les noms, les théorèmes et tous les objets idéaux, ce qui irait très bien pour un grand nombre de philosophes, mais pas pour Kant. (4) Pour conclure, la renommée d'Homère, l'Empire romain, la ruse de Iago feraient tranquillement partie de la famille. Malgré l'intention réaliste qui l'inspire, la notion de « substance », telle qu'elle est définie par Kant, ne fournit pas de critère qui permette de distinguer un objet réel d'un objet idéal, pas plus qu'une hallucination d'un phénomène.

2. *Ce que signifie exactement «permanence dans le Temps» n'est pas précisé* (et semble presque synonyme de « situé dans l'Espace »), ni jusqu'à quel point une chose doit perdurer pour être une substance, ce qui fait sombrer la distinction entre substance et accident : combien de temps une chose doit-elle durer pour être une substance, par opposition à un accident[188] ?

3. *«Substance» constitue une caractérisation chimique et physique, et non écologique ni ontologique.* En effet, nous ne rencontrons jamais des substances dans l'expérience à l'état pur[189], d'autant plus que celui qui ne sait rien de la substance peut

188. Kant pourrait répondre que la distinction ne repose pas sur le temps, et que l'accident est en général un objet d'ordre supérieur par rapport à la substance. Sauf que dans sa caractérisation on ne trouve pas trace de cette façon de présenter les choses, et que l'accent porte exclusivement sur la durée temporelle.

189. « Les rochers, le sol, le sable, la boue, l'argile, le pétrole, le bitume, les minéraux, les métaux et surtout les tissus variés des plantes et des animaux sont des exemples de substances environnementales. Chacune possède une composition plus ou moins spécifique, mais presque aucune n'est un composé chimique pur. » J. J. Gibson, *Un approccio ecologico alla percezione visiva*, op. cit., p. 58.

facilement assister à des transformations sans supposer que quelque chose persiste dans le changement. Si, en d'autres termes, il est vrai que (en accord avec Descartes), même sans la notion de « substance », nous sommes en mesure de reconnaître l'identité de la cire dans ses divers états, il est également vrai que si nous assistons au passage de l'état liquide à l'état gazeux, par exemple dans une casserole oubliée sur le feu, je ne me consolerai pas en pensant que la substance se trouve ailleurs, sur les vitres embuées de la cuisine[190]. La morale, sur ce point, est que la « substance » ne me permet ni de trouver la savonnette sur le bord du lavabo, ni de comprendre que le savon, en se consumant, s'est écoulé dans le tuyau d'évacuation : c'est une notion à la fois trop pauvre et trop riche pour les objectifs que lui attribue Kant. Ce qui apparaît particulièrement confus c'est ici l'assimilation entre substances et *individus* et entre substances et *objets*. Quant au premier point : un homme, comme un coupe-papier ou un post-it, est un individu, composé à son tour de différentes substances, qui comme telles sont physiques et chimiques, et non phénoménales ; mais alors, pourquoi faudrait-il que le schème de la Substance soit nécessaire pour reconnaître un homme ? Quant au second : nous ne rencontrons que rarement des substances dans l'expérience ; ce que nous rencontrons, ce sont des objets longs ou courts, denses ou non, lisses ou rugueux, transparents ou opaques. Ces caractères ontologiquement saillants sont sous-estimés par l'appel kantien à la Substance comme caractère physico-chimique.

CAUSE. À propos de la thèse de la Cause, il y a ensuite – et elle résonne très fort – l'objection de Strawson[191], selon laquelle Kant confondrait la nécessité matérielle et la nécessité intellectuelle, c'est-à-dire le fait qu'il y a des causes dans le monde avec le fait que nous sommes capables de les reconnaître et de les

190. Et si jamais je me rendais compte que le jeu de Descartes sur la cire était subordonné, de manière non accessoire, au fait que l'on ne dispose que d'un seul nom pour la cire, solide ou liquide, à la différence de ce qui existe pour l'eau, la glace et la vapeur.

191. P. F. Strawson, *The Bounds of Sense*, op. cit.

expliquer. Il est bien vrai qu'avec la Cause, Kant fait semblant de posséder plus de flèches à son arc qu'il n'en avait avec la Substance : son argument consiste à faire valoir que si l'on heurte une craie avec un crayon, la craie se déplace. Si nous ne possédions pas un concept *a priori* de « cause », nous ne pourrions probablement pas l'appréhender par habitude, puisque ce que nous voyons, c'est une craie et un crayon, et non pas une cause.

Donc, au moins dans ce cas particulier, il y a une science qui précède nécessairement l'expérience, et il s'agira d'une connaissance certaine, étant *a priori*. Mais ici, Kant exploite de façon indue la multiplicité des significations de « cause », puisqu'un crayon cause le déplacement d'une craie d'une tout autre manière que la cigarette provoque le cancer ou l'ignorance l'injustice. Dans le premier cas, il y a contact physique, dans le second un processus, dans le troisième, le rapport est purement mental. Et, paradoxalement, c'est précisément la première forme de causalité, celle qui, aux yeux de Kant, résulte paradigmatiquement de l'action de l'intellect sur la sensibilité qui apparaît *visible*, c'est-à-dire sensible. Je voudrais le clarifier au moyen d'une anecdote.

En 1943-1944, le psychologue Wolfgang Metzger (1899-1979) était militaire à Cassino. Un jour, il se rendit aux toilettes dans le baraquement où était logé son bataillon et tira la chasse. À ce moment précis, un obus frappa le baraquement, de sorte qu'il lui sembla que c'était lui qui, ayant actionné la chasse d'eau, était à l'origine de la catastrophe. Metzger *a vu* la causalité, si du moins on s'en tient à la description subjective ; pour être plus neutre, disons qu'il l'a *perçue*.

Cette anecdote, courante, au même titre que d'autres, dans l'expérience de Metzger[192], ne doit pas être sous-estimée[193]. Qu'il s'agissait de voir et non de penser, trouve apparemment une

192. Qui, une autre fois, à la tombée de la nuit, donne une tape sur l'épaule d'un collègue, précisément au moment où on allume les lampes, donnant ainsi l'impression que c'est lui qui l'a allumée, en se servant de celui-ci comme interrupteur.
193. À l'occasion d'un tremblement de terre, quelqu'un qui était en train de jouer jette énergiquement une carte et se retrouve à l'étage au-dessous : sa première impression fut d'avoir fait s'écrouler le plancher de son seul poing sur la table.

confirmation dans le fait qu'il semble tout de même un peu étrange – si l'on y réfléchit seulement un instant – que le seul fait de tirer une chasse d'eau puisse provoquer une explosion ; toutefois, l'impression n'en est pas moins immédiate, vive et incontestable, autrement dit douée de l'évidence qui caractérise l'impression sensible. Somme toute, Metzger *vit* une cause, même si, une fraction de seconde après, il *pensa* que c'était invraisemblable. Il est donc difficile de soutenir, avec Kant, que la causalité est un principe pur de l'intellect : la causalité perçue est une chose, et elle est sensible ; la causalité pensée en est une autre. Cette dernière ne constitue pas un principe au moyen duquel l'entendement constitue l'expérience ; dans le meilleur des cas, il l'explique tôt ou tard, voire jamais (le trou, sur ma veste, est-il dû à ma cigarette ou à une mite ?) Mais si elle l'*explique* et ne la *constitue* pas, alors il se pourrait que Hume ait raison : la cause vient de l'expérience. En réalité, rien de tout cela n'est vrai : Metzger a fait l'expérience d'une causalité invraisemblable, c'est-à-dire de nature à contredire tout ce que l'expérience nous a appris jusqu'ici.

Nous avons affaire à un cas dans lequel deux grands philosophes peuvent se trouver également dans l'erreur : la causalité est *a priori* (elle ne dépend donc pas de l'habitude), mais elle constitue un acquis de la perception[194] – au même titre que la tendance à découper la réalité en objets, sans que n'intervienne, comme nous l'avons vu, la catégorie intellectuelle de « substance » – et *non* un principe de l'entendement pur.

Puisque nous en avons fini avec les thèses fondamentales, tournons-nous maintenant vers le mécanisme qui les fait fonctionner.

194. A. Michotte, *La perception de la causalité*, Louvain, Institut Supérieur de Philosophie, 1946.

9. Le Leica de Kant
(Approfondissement)

LES ENGRENAGES DE LA LOGIQUE. Une façon classique d'expliquer la vision consiste à la comparer à la chambre noire, mais ici il vaut beaucoup mieux avoir recours à un appareil photographique. Les théories de l'expérience des empiristes rappellent plus ou moins l'appareil élémentaire à objectif fixe ; la logique transcendantale apparaît comme un appareil très sophistiqué, très (et même trop) difficile à utiliser, muni d'un grand nombre de commandes et de fonctions complexes, tandis que notre expérience effective, dans sa rapidité, sa sûreté et son absence de calculs conscients, s'apparente plutôt aux appareils électroniques inventés à une époque plus tardive.

L'appareil de Kant – une sorte de Leica d'avant-guerre dont le schéma de la page 124 offre une illustration – fonctionne ainsi : au début du cycle se trouve le Moi, à la fin la Substance et la Cause ; au milieu des instruments logiques et psychologiques. Faisons-en l'inventaire. Les JUGEMENTS, c'est-à-dire la forme de la pensée posée dans le Moi, forment différentes familles : celle de la *quantité* (les jugements universels, particuliers, singuliers), de la *qualité* (affirmatifs, négatifs, infinis), de la *relation* (catégoriques, hypothétiques, disjonctifs) et de la *modalité* (problématiques, hypothétiques, apodictiques) ; les CATÉGORIES correspondant aux jugements – et dérivant de ce que Kant appelle la « déduction métaphysique » – sont celle de la quantité (unité, pluralité, particularité), de la qualité (réalité, négation, limitation), de la relation (inhérence et subsistance, causalité et dépendance, communauté), de la modalité (possibilité-impossibilité, existence-inexistence, nécessité-contingence).

Jugements	Catégories	Déduction	Schématisme	Principes			
Quantité universels, particuliers, singuliers	*Quantité* unité, pluralité particularité	Justification théorique de l'application des catégories de l'expérience	Justification psycho-physio-logique	*Quantité* Axiomes de l'intuition			
Qualité affirmatives négatives infinis	*Qualité* réalité négation limitation			*Qualité* Anticipations de la perception			
Relation Catégoriques hypothétiques Disjonctifs	*Relation* inhérence et subsistance causalité et dépendance communauté			*Relation* analogie de l'expérience	Substance	Cause	Action réciproque
Modalité problématique assertorique apodictique	*Modalité* possibilité-impossibilité existence-inexistence nécessité-contingence			*Modalité* postulats de la pensée empirique en général			

À travers la DÉDUCTION TRANSCENDANTALE et le SCHÉMATISME, les catégories se transforment en PRINCIPES qui régulent l'expérience. À son tour, le système des Principes se concentre sur deux Principes vraiment fondamentaux: la Substance et la Cause. Ici, un cycle se referme qui, comme on peut le voir, devient de moins en moins mystérieux au fur-et-à-mesure que l'on passe des Jugements aux Catégories, et des Catégories aux Principes, lesquels sont très clairs, surtout si l'on pense à la Substance et à la Cause, qui, comme on l'a vu, sont en fait les deux seuls principes qui intéressent réellement Kant.

Une question s'impose toutefois assez spontanément à l'esprit: pourquoi Kant aurait-il dû gaspiller autant de temps et de talent s'il avait seulement voulu en venir à la thèse de la Substance et de la Cause qui, en définitive, ne représentent que deux des trois thèses issues d'une famille de Principes, celle des Analogies de l'expérience qui correspond à la catégorie de la Relation?

La raison m'en semble somme toute assez simple. Si l'on tient compte de la forte charge polémique qui sert de base à la thèse de la Substance et de la Cause (tenues pour indépendantes de l'expérience et la rendant possible), Kant ne pouvait se contenter de faire appel à une question de fait, c'est-à-dire à l'usage qui en était suggéré par la physique. Il lui fallait au contraire démontrer – tel est le sens de la naturalisation, c'est-à-dire précisément de la déduction – que si le Moi doit obtenir une certitude dans l'expérience, il faut que les catégories dérivent de la pensée, c'est-à-dire des jugements, qui doivent aux principes leur possibilité d'application. Pour y parvenir, il lui a fallu commencer par celles que les logiciens de son temps considéraient comme les formes générales des jugements et en fixer le nombre à douze, pour en tirer autant de catégories (afin qu'on ne lui reproche pas de les tirer de l'expérience) et fabriquer ensuite douze principes d'application valables à la fois pour la science et pour l'expérience.

En ce qui concerne les Principes comme tels, leur orientation dans les Analogies de l'expérience dépend directement de la physique (on y retrouve les repères de la physique

newtonienne); ils constituent une combinaison de mathématique et de physique dans les Axiomes de l'intuition (toute
expérience possède un nombre, c'est-à-dire une extension) et
dans les Anticipations de la perception (toute expérience a
un degré, c'est-à-dire une intension). Et enfin, par une admis-
sion explicite de Kant, ils ne concernent pas l'expérience,
mais le rapport du sujet à ce qu'il connaît, dans les Postulats
de la pensée empirique en général, qui correspondent aux
catégories modales du possible, du nécessaire et du réel.

S'il y a une chose qui saute aux yeux, c'est bien la dispro-
portion entre la montagne des arguments déployés et le
résultat. Si l'on laisse de côté la maigre économie des
moyens, le problème est de comprendre si Kant a réellement atteint son objectif, celui de démontrer que ses deux
thèses substantielles apportent bien la garantie effective des
exigences indispensables de toute expérience[195] ou s'ils ne
représentent pas simplement les ingrédients d'une
approche scientifique de la nature[196].

Comme l'indique la comparaison avec le Leica, c'est la
seconde hypothèse qui est la bonne : Kant s'attache à
décrire un œil, mais en réalité ce qu'il raconte concerne le
fonctionnement d'un appareil photographique muni d'un
télémètre, d'un photomètre, de posemètres, et de quelques
autres engrenages qui tournent à vide. Vérifions-le.

PREMIER MORCEAU. JUGEMENTS ET CATÉGORIES (DÉDUCTION
MÉTAPHYSIQUE).Il s'agit avant tout, pour Kant, de trouver
dans le Moi pur les formes fondamentales du jugement,
indépendantes de l'expérience et antérieures à elle, et à

195. Comme il le soutient dans la *Critique de la raison pure*, par
exemple en affirmant que l'expérience n'est possible que grâce à la
représentation d'un lien nécessaire de la perception (B 218). Mais
l'identité de la science et de l'expérience constitue plus exactement,
comme nous l'avons vu, la base de la révolution copernicienne et de l'illusion transcendantale.

196. Comme le précise déjà, en affaiblissant la thèse, la Préface des
Premiers Principes métaphysiques de la science de la nature,. op. cit. (Ak IV,
p. 467 *sq.*)

partir de celles-ci de passer aux catégories. C'est à ce mouvement que Kant donne le nom de « déduction métaphysique[197] », par opposition à la déduction transcendantale à laquelle, par souci de simplicité, j'ai donné le nom de « déduction » tout court. Avec les catégories, les jugements s'appliquent à l'organisation concrète de l'expérience spatio-temporelle, conformément à l'idée de « logique transcendantale ». Par rapport aux rationalistes, Kant a compris que les concepts ne constituent pas une unité minimale de signification ne commençant qu'à partir du moment où l'on formule un jugement, c'est-à-dire où l'on relie un sujet à un prédicat : « chien », « court », « noir », ne veulent rien dire, ils commencent à signifier quelque chose lorsque l'on dit : « le chien court » ou « le chien est noir ». Le jugement a lieu dans le Moi, et son résultat est une catégorie qui organise l'expérience spatio-temporelle fournie par l'esthétique transcendantale.

La thèse fondamentale de Kant est en fait que l'unification de l'expérience s'accomplit grâce à l'activité du Moi qui, comme nous l'avons vu dans le chapitre précédent, constitue le collecteur de toutes les représentations ou, en d'autres termes, la pellicule impressionnée. Toutefois, un tel processus n'est pas passif, comme l'ont pensé les empiristes, car le Moi a un caractère unifiant bien plus fort que celui de la page blanche ou que la chambre vide au moyen de laquelle, par exemple, Locke expliquait l'expérience. Le Moi ne se limite pas à recevoir des contenus, il les dispose à travers les jugements. Dans l'hypothèse de Kant, l'activité de juger comporte immédiatement une catégorisation, autrement dit, une mise en ordre rationnelle de l'expérience qui, à la différence de ce qui se passait chez Aristote et dans l'ancienne métaphysique, ne dépend pas des caractéristiques des objets, mais des prestations rationnelles des sujets, c'est-à-dire, précisément, de l'activité judicative du Moi.

À ce propos, une première observation s'impose spontanément, au moins à la lumière de ce qui a été dit sur la

197. Voir l'excellente présentation de la déduction métaphysique dans S. Marcucci, *Guida alla lettura della* Critica della ragion pura *di Kant*, op. cit., p. 72-86.

naturalisation. En effet, les catégories ne «jaillissent» pas des jugements aussi naturellement que le soutient Kant (pour être sincère, le procédé paraît compliqué et un peu poussif); c'est à juste titre que l'on peut se demander pourquoi la dérivation lui semble au contraire aussi simple.

L'important est que si l'on peut admettre que les jugements décident des catégories, on ne conçoit cependant pas clairement les raisons pour lesquelles les catégories doivent être celles qu'elles sont et non pas d'autres. En fin de compte, si l'on tient compte de l'extrême généralité des jugements, il pourrait très bien se faire qu'une table de catégories ressemble à celle qu'imagine Borges lorsqu'il parle d'une hypothétique «encyclopédie chinoise» : «Dans ses pages lointaines, il est écrit que les animaux se répartissent en différentes catégories : (a) ceux qui appartiennent à l'Empereur, (b) ceux qui sont embaumés, (c) ceux qui sont dressés, (d) les cochons de lait, (e) les sirènes, (f) les animaux fabuleux, (g) les chiens enragés, (h) ceux qui sont inclus dans cette claissification, (i) ceux qui s'agitent tels des fous, (j) ceux qui sont innombrables, (k) ceux qui sont dessinés au moyen d'un pinceau extrêmement fin en poils de chameau, (l) etc., (m) ceux qui ont cassé le vase, (n) ceux qui, de loin, ressemblent à des mouches.» La question qui se pose est donc celle-ci : comment parvient-on, à partir des jugements, aux catégories de Kant et non pas à celles de Borges? Kant en donne une explication en se fondant sur le fait que les jugements sont limités et circonscrits par référence à l'expérience, ce qui constitue un argument indubitablement persuasif. Toutefois, on ne se reporte pas à cette référence de manière aussi spontanée, et le processus se révèle à vrai dire un peu laborieux, au moins sous deux aspects.

1. En effet, la table des catégories ne dérive pas des jugements, comme le soutient Kant, mais elle se présente simplement comme une rationalisation des catégories de la tradition scolastique. Par rapport à celles-ci, Kant accomplit deux transformations de fond. D'une part, il réorganise les catégories aristotéliciennes, lesquelles ne tenaient pas

compte de la différence entre esthétique et logique et entre empirique et transcendantal, de sorte qu'elles n'étaient pas constitutives des pures formes logiques[198]. D'autre part, il fixe à douze le nombre des catégories, d'une manière qui sera louée par Hegel, lequel y reconnaîtra narcissiquement une préfiguration de sa méthode dialectique, faite de thèse, antithèse et synthèse. En fait, chacune des familles compte trois catégories, et Kant soutient que la troisième résulte de la combinaison des deux premières, puisque, en général, nous obtenons toujours une affirmation, une négation et une relation intermédiaire. Par exemple, les jugements de la qualité se divisent en affirmatifs (« l'âme est mortelle »), négatifs (« l'âme n'est pas mortelle ») et infinis (« l'âme est non mortelle », proposition qui, pour Kant, résonne tout autrement que la précédente en ce qu'elle situe l'âme « dans le domaine illimité des êtres non mortels[199] »). Ce qui revient à dire – et ce n'est pas du tout évident – que c'est l'expérience qui donne à la logique sa pertinence et son efficacité, *bien qu'elle s'en révèle indépendante.*

2. Un second mouvement permet de se soustraire à cette difficulté. Ce n'est pas l'expérience qui mène le jeu, mais la science. À côté de la rationalisation, c'est en fait une *naturalisation* qui découle de l'illusion transcendantale. C'est ce que Hegel, de nouveau, synthétisera au moyen de la formule selon laquelle le rationnel est réel. Le but final de toute l'opération est d'aboutir aux principes qui sont ceux de la

198. « S'engager dans la recherche de ces concepts fondamentaux fut un projet tout à fait digne de ce penseur perspicace que fut Aristote. Bien que tout principe lui fît défaut, il en fit néanmoins la récolte tels qu'ils se présentaient, et il en énuméra dix, auxquels il donna le nom de catégories (prédicaments). Dans un second temps, il pensa en avoir trouvé cinq autres qu'il ajouta aux précédents en les appelant des postprédicaments. Mais sa table n'en resta pas moins défectueuse. En outre, on y trouvait même des modes de la sensibilité pure (*quando, ubi, situs,* et même *prius, simul*), lesquels n'entraient à aucun titre dans l'arbre généalogique de l'entendement. On y trouvait aussi des concepts dérivés, énumérés avec des concepts originaires (*action, passion*), alors qu'aucun de ces derniers ne manquait. », B 107 / A 81.

199. B 97 / A 72.

physique, et c'est à eux qu'est confiée la tâche de déterminer rétrospectivement le passage des jugements aux catégories. Nous enregistrons donc en apparence un passage logique des Jugements aux Catégories, et par là aux Schèmes et aux Principes. En réalité, ce que nous observons, c'est un mouvement à rebours qui part des Principes, remonte aux Schèmes et, à partir de là, aux catégories et aux jugements. S'il ne s'agissait pas des principes (s'accordant avec la physique) il serait bien difficile de déterminer les jugements et leur passage aux Catégories, car il faudrait admettre que le fait de remonter d'un principe comme celui de la Substance à un jugement catégorique ne constitue pas une opération moins arbitraire que celui de descendre d'un jugement catégorique jusqu'aux « animaux appartenant à l'empereur ».

DEUXIÈME MORCEAU. LA DÉDUCTION TRANSCENDANTALE. La déduction transcendantale est destinée à justifier d'un point de vue strictement théorique la légitimité de l'application des catégories à l'expérience. Autrement dit, il s'agit de démontrer comment les catégories non seulement sont indépendantes de l'expérience, mais qu'elles en constituent aussi un ingrédient indispensable. Pour y parvenir, Kant exploite systématiquement les ressources de l'illusion transcendantale.

Strawson observe à juste titre que la déduction ne représente pas seulement une argumentation, mais aussi « une explication, une description, une histoire[200] ». Il souligne également l'étrangeté de cette partie de la *Critique de la raison pure* qui – en dépit de son intention théorique déclarée – mêle des ingrédients logiques, psychologiques et épistémologiques. La thèse manifeste de Kant consiste à affirmer que les conditions de possibilité de la *connaissance* des objets de l'expérience constituent des conditions de possibilité de l'*expérience*. Par là, Kant s'engage dans une thèse qui ne vaut que pour une théorie de la science et non pour une théorie de l'expérience[201], comme cela apparaît de façon particulière-

200. P. F. Strawson, *The Bounds of Sense*, op. cit.
201. On peut difficilement soutenir qu'une douleur lancinante au bras gauche constitue une connaissance, fût-elle minimale. La connaissance commence avec le diagnostic d'un infarctus (ou de rhumatismes).

ment claire dans la version de 1781. Dans la version de 1787, au contraire, on voit apparaître un morceau de psychologie transcendantale, c'est-à-dire d'une psychologie désincarnée et réduite à l'individuation de fonctions cognitives très (voire trop) élevées. C'est comme si toutes les tensions de la logique transcendantale se concentraient dans ces pages embarrassantes et embarrassées qui ont coûté à Kant des années de travail dans la période de gestation de l'œuvre, pour être ensuite complètement remaniées dans le passage de la première à la seconde édition. Vérifions-le.

DÉDUCTION A: THÉORIE DE LA CONNAISSANCE. Dans cette version, Kant soutient que pour qu'un objet soit connu, il faut qu'il soit perçu (« synthèse de la perception »), contenu dans la mémoire ou, selon ses propres termes, dans l'imagination (« synthèse de la reproduction »), et enfin conceptualisé (« synthèse de la reconnaissance »). Dans sa présentation, il s'agit d'un argument de type épistémologique qui isole les critères minimaux d'une expérience[202]. Toutefois, au niveau de la description, la déduction ne se révèle pas tout à fait décisive. Non seulement, elle laisse libre cours à l'idéalisme transcendantal – et en réalité au *esse est percipi* de Berkeley – en accentuant le rôle du Moi dans la *constitution* de la réalité, et non simplement dans la connaissance de la réalité, mais elle engendre un conflit entre l'idéalisme transcendantal et le réalisme empirique. En tant qu'idéaliste transcendantal, en fait, Kant soutient qu'à défaut de catégories, le monde se présenterait comme un chaos ; toutefois, en tant que réaliste empirique, il affirme que si le monde ne se révélait pas ordonné de manière stable, nous ne serions pas en mesure de le connaître[203]. Toujours dans cette perspective, Kant parle[204]

---

202. Il s'agit d'une explication de la connaissance très classique, qui se trouve déjà, dans ses grande lignes, dans le *Théétète* de Platon.

203. Comme cela découle du passage sur le cinabre auquel nous nous sommes référés au début de ce discours : « Si le cinabre était tantôt rouge tantôt noir, tantôt léger, tantôt lourd [...] l'occasion ne pourrait jamais être donnée à mon imagination empirique, d'accueillir dans la pensée, avec le lourd cinabre, la représentation de la couleur rouge ». A 100-101.

204. A 97.

de la « synopsis du sens », une fonction qui n'est pas mieux spécifiée, antérieure aux trois synthèses qui fourniraient une sorte de cadre général du monde avant l'intervention des catégories[205]. Il est donc difficile de ne pas reconnaître le conflit entre une fonction constitutive des catégories et un rôle purement reconstructif et taxinomique. Kant parvient donc à démontrer que la connaissance exige des catégories – mais qui le nierait ? – mais il ne réussit pas à atteindre son objectif plus ambitieux.

DÉDUCTION B. PSYCHOLOGIE TRANSCENDANTALE. Dans la déduction B (celle de 1787), Kant, au contraire, développe les références à l'imagination comme médiation entre la perception et l'entendement dans la Déduction A, et donne une base plus psychologique à son propre discours, lequel, sur ce point, est principalement intégré au chapitre sur le schématisme qui lui fait immédiatement suite.

Le point central de la déduction B est le § 24, où Kant déploie son argument psychologique en alléguant des motivations physiologiques. L'idée est que si l'unité de l'objet constitue aussi l'unité de la conscience dans la connaissance de cet objet, il convient de supposer une faculté, l'imagination, qui assure la médiation entre le sujet et l'objet, unifiant les concepts (qui appartiennent au premier) et les sensations (qui manifestent la présence du second). Kant insiste sur le fait que cette faculté ne représente pas seulement une ressource empirique et reproductrice, mais qu'elle est productrice en ce qu'elle paraît de nature à déterminer les objets en superposant sur ces derniers l'unification dérivée de l'entendement. Toutefois, Kant se mon-

---

205. Ce qui, peut-être, permettrait d'expliquer, par exemple, le comportement animal (les animaux interagissent dans le monde, bien qu'ils soient dépourvus de catégories, signe que le monde est organisé pour son propre compte), mais on ne voit pas en quoi cela devrait expliquer le comportement humain, s'il est vrai que le tolérant Leibniz, malgré tout son rationalisme, en vint à prétendre que les hommes agissent sans raisonner dans quatre-vingt dix pour cent des cas, tout comme les animaux, là où Kant prévoit l'intervention de la raison dans cent pour cent des cas.

tre décidément laconique en ce qui concerne la nature de son joker[206], comme il le sera, ainsi que nous le verrons sous peu, dans son traitement du schématisme. Cette faculté est destinée à conférer une figure aux concepts, c'est-à-dire à produire une synthèse figurée (*figürlich*) qui colore – nous nous exprimons ainsi parce que pour finir Kant semble penser précisément de cette façon – la synthèse intellectuelle, c'est-à-dire l'unification conceptuelle de l'expérience assurée par les catégories. Mais trop de questions demeurent encore ouvertes. En quoi consiste cette imagination productrice ? Qu'est-ce qui fait une figure individuelle (la traduction latine fournie par Kant est *synthesis speciosa*)? Qui ajoute les couleurs aux figures ? Si les couleurs et les formes proviennent de l'entendement, ne s'agit-il pas d'un cas analogue à celui de la construction géométrique ? Si, *au contraire*, elles proviennent des objets, en quel sens peut-on parler d'une productivité de l'imagination et d'un caractère déterminant des concepts ? L'impression d'ensemble est que la déduction, dans cette version aussi, joue trop sur la triple signification du Moi chez Kant, comme Temps, comme forme du sens interne, comme Cogito, et que l'explication est simplement renvoyée au schématisme.

TROISIÈME MORCEAU. LE SCHÉMATISME. Si la déduction – en particulier dans la version de 1781 – répond à une question de droit (est-il licite d'employer la logique pour déterminer l'expérience ?), le schématisme revient sur une question de fait : quelles sont les ressources de notre esprit permettant de référer un concept à un percept ? Ce sont les schèmes qui fournissent la réponse. À propos de ces instruments, par l'intermédiaire desquels les objets sont déterminés par les concepts, Kant défend trois thèses fondamentales : les schèmes (1) diffèrent de l'imagination ; (2) ils consistent en méthodes de construction ; (3) ils représentent la forme du Temps.

206. « Pour autant que l'imagination est spontanée, je la nomme aussi parfois imagination productive ». (B 152). Je reviendrai bientôt sur ce point.

Avec la première thèse, Kant résout un problème caractéristique de l'empirisme, celui des idées générales. Comme Berkeley[207] l'avait objecté à Locke, on ne voit pas ce que pourrait être l'image générale d'un chien. Au mieux, il pourrait s'agir d'un « diagramme », c'est-à-dire d'une image particulière ayant valeur d'exemple pour d'autres cas ; Kant reprend cet argument en substance et parle du schème comme d'un « monogramme », un profil abstrait.

Avec la seconde thèse, il se réfère à la question de la construction mathématique. Nous partons des concepts et nous les construisons dans l'imagination, tout comme les géomètres construisent leurs figures, à ceci près que – à la différence des géomètres – ces constructions doivent se référer à un percept ; la pure intuition ne suffit pas. Nous nous apercevons immédiatement que le problème présente deux faces : d'une part, il y a la *subsomption* (comme passage d'une table à la Substance ?) ; de l'autre, la *construction* (comme passage de la Substance à une table ?)

Avec ceci on en vient à l'idée que les schèmes consistent en formes du Temps, cette étrange chose qui appartient un peu au Moi, un peu au monde. Ce qui se comprend au moins, en général, par les deux points cruciaux de Kant (la Substance comme permanence, la Cause comme succession). La thèse devient pourtant moins claire lorsqu'on s'emploie à l'appliquer, et la difficulté s'étend aux deux points précédents.

Pour le constater, je procéderai en trois temps : 1. Je me demanderai comment fonctionne un schème selon les indications de Kant. 2. Je tenterai d'intégrer ces indications à une hypothèse complémentaire. 3. J'en vérifierai le fonctionnement. Comme on le verra il ne peut fonctionner.

COMMENT FONCTIONNE UN SCHÈME. LES INDICATIONS DE KANT.
Dans la version austère limitée à la Substance et à la Cause[208], le schématisme justifie l'affirmation selon laquelle si nous ne

207. G. Berkeley, *Principes de la connaissance humaine*, tr. fr. D. Berlioz, Paris, GF-Flammarion, 1991, § 10-17.
208. P. F. Strawson, *The Bounds of Sense*, op. cit.

disposions pas *a priori* de ces schèmes temporels, notre expérience, à la différence de ce que soutient Hume, se révèlerait impossible.

Toutefois, Kant, dans le chapitre sur le schématisme[209], ainsi que dans d'autres considérations éparses dans la Doctrine transcendantale de la méthode[210], soutient plusieurs autres choses qui ne coïncident pas avec l'interprétation austère et révèlent même une ivresse spéculative marquée, dans laquelle se laisse pressentir l'idéalisme des débuts du XIXe siècle. En particulier, trois aspects – qui dérivent de la caractérisation des schèmes qui a été fournie – paraissent problématiques : (1) le recours au schème comme « monogramme » ; (2) le rapport entre concept et image ; (3) entre image et échantillon empirique. Ce que ces trois obstacles possèdent en commun réside en premier lieu dans le fait de répondre à une exigence beaucoup moins formelle que celle de l'interprétation austère, et qui de fait répond au besoin – central pour Kant comme pour toute théorie en général soucieuse d'expliquer la manière dont les concepts se réfèrent à des objets – de passer de l'universel au particulier.

Examinons la question de plus près. Le schème, comme nous l'avons vu, constituerait un « monogramme », c'est-à-dire – explique Kant – l'une de ces silhouettes qu'utilisent les physionomistes, un carton noir découpé dont on tire un profil (par exemple, celui de Kant se promenant, dessiné par Puttrich autour de 1798 reproduit sur la couverture de l'édition originale de ce livre). Ici, Kant – qui aurait également pu parler d'ombres chinoises, ou des ombres qui se projettent au fond de la caverne imaginée par Platon – s'efforce de rendre moins vague le schéma ; toutefois, le résultat est d'en faire une idée générale juste un peu camouflée : en effet, d'une ombre, on peut remonter aussi bien à un homme grand qu'à un homme petit, et aussi bien à un blanc qu'à un noir. Notons toutefois : *remonter* et non *descendre*, subsumer et non constituer.

209. A 141 / B 180.
210. A 569-570 / B 597-598.

On obtient la même impression avec le rapport entre concept et exemple empirique, c'est-à-dire avec l'exemple de Kant entre le « cercle » et « l'assiette ». Tout à fait au début du chapitre sur le schématisme, Kant soutient que la rotondité de l'assiette le rend homogène au concept pur de cercle. Or, la rotondité vaut aussi bien pour tant d'autres choses, en partant de la roue jusqu'à la forme du parmesan, et le recours au cercle ne sert pas à grand-chose, puisqu'il consiste en une règle du type : « Face à une assiette, pense à un cercle et tu devrais t'en sortir. »

La même impression se renforce – en passant au rapport entre image et exemple – avec le recours au schème du chien qui serait le schème d'un « quadrupède en général », au moyen duquel je pourrais me référer à des chiens concrets[211]. Ici aussi le « quadrupède en général » est un étrange cerf merveilleux, une ombre inutile qui s'évanouit sitôt qu'on cherche à la saisir.

On ne voit pas comment on pourrait parler ici de « méthode de construction » ; tout au plus nous avons affaire à un *processus d'exemplification*, ou à la version « en diagramme » des idées générales – à partir d'une assiette, je produis le diagramme des objets circulaires, à partir d'un bâtard, avec un peu de fantaisie, un chien-loup. Et qu'il s'agisse précisément de cela, cela est tellement clair que dans le § 59 de la *Critique de la faculté de juger,* pour les concepts empiriques (comme pour « assiette » ou « chien »), Kant en arrivera à dire qu'il ne s'agit pas de schèmes, mais d'exemples, c'est-à-dire de diagrammes et non de monogrammes. Comme nous le verrons, dans la version de la Troisième *Critique*[212], tous les concepts empiriques sont sensibilisés grâce à des exemples, là où les concepts abstraits comme « substance » et « provenir » (c'est-à-dire « cause »), constituent de simples règles pour la réflexion ; Kant a donc affaibli le rôle du concept, en en faisant une pure fonction épistémologique, nécessaire, non à l'expérience, mais à la réflexion.

211. U. Eco, M. Ferraris, D. Marconi, « Lo schema del cane », in *Rivista di Estetica*, n.s., 8, 1998, p. 3-27.
212. Cf. chap. 10.

Toutefois, dans la *Critique de la raison pure*, il ne peut se contenter d'aussi peu, puisqu'il soutient qu'il y a au moins quelques concepts qui déterminent l'expérience *a priori*. Ils fournissent ainsi, d'une part, des déterminations très générales des schèmes – celles qui correspondent à l'interprétation austère[213] et qui se limitent à énoncer les définitions de Substance, Cause, Action réciproque, Possibilité, Réalité, etc., en ajoutant qu'il s'agit de formes du Temps – et de l'autre ils fournissent des indications du type « silhouette », « assiette » ou « chien », permettant d'expliquer le passage de ces principes très abstraits à l'expérience. La tension traverse la totalité du chapitre sur le schématisme, et elle est aggravée par le fait que, pour motiver la référence de l'abstrait au concret, Kant fait à nouveau appel à l'imagination, dont il soutient d'autre part – exactement comme pour le fonctionnement du schématisme – que nous en ignorons tout.

Où est le problème ? Le problème, en général, est qu'il ne semble pas très ardu de concevoir une transition du concept pur de substance au schème de ce concept, en l'étendant ensuite à l'individu ; il n'est pas non plus difficile de penser au passage du concept empirique de chien au schéma de ce concept et à partir de là au chien. Ce qui demeure assez peu évident, c'est de quelle manière le premier modèle vaut pour l'expérience, et le second peut avoir quelque chose de commun avec l'*a priori*, et surtout de quelle manière le premier se rattache au second. La morale est que le problème du schématisme reste ouvert à l'endroit même où il devait être résolu.

COMMENT FONCTIONNE UN SCHÈME. UNE HYPOTHÈSE SPÉCULATIVE.
Cela dit, je propose, sur la base de certaines références kantiennes, une interprétation possible du schématisme, susceptible d'atténuer le caractère laconique de la référence aux « formes du Temps ». Dans cette perspective, purement spéculative, je crois que pour expliquer le fonctionnement du schème comme « méthode de construction », on a besoin de trois éléments, dont deux ne sont pas nommés par Kant, tan-

213 A 144-145 / B 183-185.

dis que le troisième apparaît seulement à titre d'illustration : le nombre, les opérations, la ligne.

Le jeu est simple. Pour rendre les concepts homogènes (ou mieux, telle ou telle caractéristique particulièrement pauvres de ces derniers) aux objets, nous utilisons communément des nombres : 3 pommes de terre, 100 kilomètres à l'heure, 36 % des Italiens, etc. Cela fonctionne jusqu'à un certain point, dans la mesure où les nombres ne saisissent pas les individus. Kant, pourtant, espérait y parvenir[214]. Vérifions-le.

1. Quant au *nombre*. Descartes et les physiciens modernes transcrivent la nature en termes quantitatifs, rendant ainsi homogènes les percepts et les concepts. Il s'agit, plus ou moins, de mettre en place la procédure inverse, en partant de l'hypothèse que le travail des physiciens constitue le perfectionnement d'une performance spontanée et caractéristique de notre âme.

2. Quant aux *opérations*. Les catégories fournissent des synthèses purement intellectuelles, opérant comme les opérations arithmétiques fondamentales. Nous aurons donc $7 + 5 = 12$; $12 - 5 = 7$; $7 \times 5 = 35$; $35 : 7 = 5$. À ceci près que, au niveau catégorial, les opérations se révèlent assez évidentes pour ce qui concerne la quantité et la qualité; le résultat est un peu différent pour la relation[215], et elles semblent réellement difficiles

214. Dans l'*Opus postumum* (tr. fr. J. Gibelin, Paris, Vrin, 1950), Kant considère comme une illusion le fait de vouloir déduire le particulier (*in concreto*) de l'universel (*in abstracto*), ou plutôt d'en déduire la singularité des simples concepts et leur totalité. Et pourtant, il n'en continue pas moins à chercher un étrange passage au nord-ouest qui lui permettrait de relier des concepts à des schèmes capables d'anticiper l'expérience *quoad materiale* (dit-il): c'est-à-dire précisément en allant jusqu'à l'individuel.

215. Où la substance serait le 7 et le 5, si vaut également l'autre paradigme du jugement synthétique *a priori*, la permanence de la substance. L'action réciproque se manifestera dans le cas où le signe de l'addition ne s'interpose pas entre 7 et 5, ces deux nombres restant tels quels. Quant à la causalité, elle consistera dans la loi sur la base de laquelle, au contraire, en ajoutant le signe de l'addition on obtient 12.

à concevoir en ce qui concerne la modalité. C'est pourquoi, encore une fois, les deux seuls principes purs sur lesquels Kant se sent en mesure de s'engager, et qu'il applique effectivement dans ses démonstrations à propos du caractère transcendantal des catégories, sont en définitive la Substance et la Cause. À ce niveau, il s'agit de passer de l'arithmétique à la géométrie, c'est-à-dire, en réalité, de la pensée à l'extension.

3. C'est ici qu'intervient *la ligne*. L'exemple fourni par Kant pour expliquer la différence entre image et schème en tant que méthode de construction, celui du nombre 5 qui permet de construire ••••• est révélateur. Bien sûr, c'est par souci de simplicité que Kant n'a pas écrit que le nombre 5 peut construire, par exemple, €€€€€, @@@@@ ou $$$$$, mais à la base il y a encore l'idée du sens commun[216] selon laquelle le Temps se compose d'instants qui se développent selon une trajectoire linéaire (la flèche du Temps) exactement comme l'Espace est composé de points qui engendrent des lignes, en passant du discret au continu. Or, à y regarder de plus près, c'est très précisément la conception de fond qui est à la base du schématisme : le seul schéma-modèle que Kant propose en cinq occurrences au moins[217], illustre la possibilité de représenter le Temps à travers une ligne, confirmant presque phénoménologiquement que l'arithmétique a une contre-partie géométrique, et que le Temps dispose d'une contre-partie spatiale.

LA LIGNE DU TEMPS. L'idée fondamentale de Kant est celle-ci. Nous sommes les producteurs du Temps, compris comme un mouvement qui s'engendre dans le Moi, par l'intermédiaire de l'addition des unités que constituent les instants temporels. Les unités composent une ligne dans notre imagination, fournissant la représentation externe et figurée du Temps[218]. Dans le monde, les choses sont dotées de contours, c'est-à-dire de lignes, comme dans les silhouettes, qui consti-

---

216. Dans la *Physique* d'Aristote, déjà, l'instant est apparenté au point et le temps à la ligne.
217. J'en discute plus loin.
218. A 33 / B 49-50, B 154, B 156.

tuent des grandeurs extensives[219]. Quand nous voyons une chose, nous la pensons en même temps, et l'unité de l'objet correspond à l'unité de la conscience dans la référence à cet objet[220].

Il reste toutefois à observer qu'aucune de ces occurrences de la ligne ne se trouve dans le schématisme : la première se trouve dans l'Esthétique, les trois autres dans la Déduction et la dernière dans les Principes. Mais je ne vois pas d'autre façon de fournir une interprétation de la thèse selon laquelle les schèmes sont des formes du Temps et des méthodes de construction. En outre, dans les diverses références qui sont faites à la ligne, comme dans le schématisme, il faut faire appel à l'imagination, destinée à colorer les concepts en les homogénéisant aux percepts et à tracer la ligne.

Quelle qu'elle soit, la ligne illustre essentiellement trois choses : (1) que le Temps peut se faire Espace, puisque nous nous le représentons dans l'imagination au moyen d'une ligne ; (2) que le Je pense conjoint les représentations exactement comme nous conjuguons les instants pour tracer la ligne du Temps ; (3) que dans cette unité des phénomènes on obtient aussi l'unité de la conscience. *Quod erat demonstrandum:* à condition que l'on soit déjà convaincu.

POURQUOI CELA NE MARCHE PAS. Si d'aventure quelqu'un ne l'était pas, cette situation laisse ouverts au moins quatre problèmes.

1. Comment la ligne se prête-t-elle à cela, autrement dit, comment passe-t-on des formes géométriques aux concepts empiriques en général ?

2. De quelle manière le schème, comme ligne, nous permet-il de nous référer à des concepts empiriques en particulier ? Dans ce jeu d'ombres chinoises, des enfants qui marchent à quatre pattes, des radiateurs, de chiens ont plus ou moins le même schème.

---

219. A 162-164 / B 203-204.
220. B 137-138.

3. Qui ajoute ou enlève les couleurs, et pourquoi celles-ci sont-elles précisément celles-ci ? Affirmer que le Temps assure la médiation entre les concepts et les percepts, en ce qu'il est une intuition pas trop sensible, équivaut plus ou moins à soutenir qu'un verre vert assure la médiation entre l'air et les feuilles puisqu'il est transparent comme l'air et vert comme les feuilles[221].

4. Enfin, le même genre de problème qui se pose pour le schème est le même que celui qui est posé pour les images mentales et les représentations dont nous avons parlé dans le chapitre 8 à propos de la thèse du Moi : les images ressemblent aux objets, mais elles ne font que leur ressembler.

Toutes ces considérations peuvent témoigner en faveur de la très grande souplesse des schèmes par rapport aux choses (ils sont plus abstraits et indéterminés), mais l'autre face de la médaille réside dans la difficulté d'expliquer comment ils se réfèrent aux objets d'une manière plus dense que ne le font les nombres. Au fond, les seules figures identifiables seraient précisément les *silhouettes*, et les seules formes constructibles seraient celles que nous connaissons dans les jeux du type « relier les points » dans la *Settimana enigmistica** ou dans les anciennes publicités des cocottes-minute Lagostina :

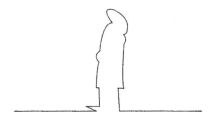

EST-CE QUE CELA AURAIT JAMAIS PU FONCTIONNER ? La solution se révèle économe quant aux ressources (en tant que cas psychologique, la nécessité de représenter le Temps comme une ligne est subordonnée à la possibilité technique d'appliquer

---

221. C. Stumpf, « Psychologie et théorie de la connaissance », *op. cit.*
*. Célèbre hebdomadaire de mots croisés en Italie.

les catégories à l'expérience) et dispendieuse quant aux
moyens mis en œuvre, puisque Kant se trouve dans l'obligation de faire appel à une faculté inconnue appelée à peindre,
dans la synthèse représentée, les schèmes purs fournis par la
synthèse intellectuelle[222]. Mais pour Kant, le problème consistait à expliquer pourquoi les mathématiques s'appliquent
aussi bien à l'expérience, à travers la physique, de sorte que la
justification semble suffisante, tout en étant – dans ces termes
du moins – redondante.

QUATRIÈME MORCEAU. LES PRINCIPES. Les principes de
l'entendement pur représentent les résultats de toute la
chaîne ; ils en sont les produits finis. Une fois que nous
avons démontré, de droit (déduction) et de fait (schématisme) que les catégories dérivées des jugements s'appliquent à l'expérience, il devient possible d'établir la liste des
principes logiques qui (en coopération avec l'Esthétique,
c'est-à-dire avec l'Espace et le Temps), déterminent notre
rapport normal avec le monde. Comme nous l'avons vu, les
familles de principes sont au nombre de quatre : les axiomes de l'intuition, les anticipations de la perception, les
analogies de l'expérience, les postulats de la pensée empirique en général.

222. La valorisation du schème comme « méthode de construction »
a été proposée par D. Marconi – qui se réfère explicitement à Kant –
dans le but, toutefois, d'exploiter les résultats des sciences cognitives
(*Competenza lessicale*, Roma-Bari, Laterza, 1999). N'oublions cependant
pas que Kant se maintient au niveau des hypothèses et, qui plus est, que
la pièce maîtresse de sa machine, l'imagination transcendantale, n'est
pas seulement une extravagance, mais a donné vie à des extravagances
encore pires à partir de l'idéalisme. Dans les notes qui furent ensuite
recueillies sous le titre d'*Opus postumum* (1796-1803), Kant s'efforce de
préciser le mystère de l'imagination en faisant l'hypothèse d'un élément
non moins mystérieux, l'« éther » : « un objet sensible qui, toutefois,
comme l'espace, ne touche pas les sens, mais seulement la raison »,
« une chose hypothétique, à laquelle pourtant la raison doit recourir
pour parvenir à un fondement suprême des phénomènes du monde
corporel. » Sur ce type de problèmes , je me permets de renvoyer à mon
texte : « Origini della imaginazione trascendentale », in *Annuario filoso-
fico*, 10, Milan, Mursia, 1994, p. 133-226.

1. Les *Axiomes de l'intuition* et les *Anticipations de la perception*, qui correspondent aux catégories de la Quantité et de la Qualité, constituent essentiellement des principes numériques. En ce sens, selon Kant, l'acte qui nous permet de mesurer la longueur d'une table au moyen d'un mètre, la chaleur d'un corps au moyen d'un thermomètre ou l'intensité d'une couleur au moyen d'un photomètre, constituerait le prolongement naturel des fonctions que nous accomplissons de manière irréfléchie avec les sens.

2. Les *Postulats de la pensée empirique en général*, qui correspondent à la catégorie de la Modalité, définissent une expérience comme possible, réelle ou nécessaire. Néanmoins, Kant a souligné le premier qu'ils revêtent un intérêt principalement épistémologique et non ontologique (ce qui est évident en ce qui concerne les cent thalers : le réel seul existe, le possible n'existe pas, le nécessaire apparaît redondant).

3. Restent les *Analogies de l'expérience*, qui correspondent à la catégorie de la Relation : la Substance (la permanence dans le Temps), la Cause (la succession dans le Temps), l'Action réciproque (actions qui s'équilibrent, par exemple l'équilibre d'un château de cartes). C'est réellement ici que s'accomplit le processus, pour ainsi dire, de sortie, c'est-à-dire la justification de ces principes tout à fait centraux que sont la Substance et la Cause, tirés du Moi qui, comme nous l'avons vu, était le point de départ de tout le mécanisme.

Note sur l'action réciproque. Ayant traité longuement du Moi, de la Substance et de la Cause dans le chapitre précédent, je voudrais maintenant conclure l'inventaire par une réflexion sur cet étrange principe qu'est l'Action réciproque. Kant suppose que, pour regarder notre table de travail, nous avons besoin de ce qu'Einstein recherca vainement pendant toute la seconde partie de sa vie, à savoir une théorie du tout qui nous indique non seulement les relations causales, mais aussi ces états d'équilibre (châteaux de cartes, tables dressées, bicyclette contre le mur, etc.) dans lesquels action et réaction s'équilibrent.

La confusion de l'épistémologie et de l'ontologie pourrait difficilement être déclamée avec un paroxysme aussi héroïque. On se rappelle à juste titre que ce à quoi Kant se réfère avec ce principe n'est rien d'autre que la troisième loi du mouvement énoncée par Newton : à toute action correspond toujours une réaction égale et contraire ; c'est-à-dire que l'action réciproque exercée par deux corps l'un sur l'autre se révèle toujours la même. Mais dans le monde des phénomènes, l'absence de rapports de dépendance constitue la norme, non l'exception[223], comme chacun de nous peut aisément l'observer : vous semble-t-il qu'en ce moment même votre porte mine est en interaction avec la table ? Et, si la réponse est oui, êtes-vous sûr de ne pas exagérer, et de décrire réellement votre expérience ?

223. P. Bozzi, *Fenomenologia sperimentale*, Bologne, Il Mulino, 1989, p. 52.

10. Des phénomènes aux tournevis

LA DÉDUCTION COMME NATURALISATION. Notre dernière remarque suggère un développement pouvant valoir comme conclusion. Après avoir passé en revue les deux thèses gnoséologiques et les cinq thèses ontologiques, et après avoir exposé la statique et la dynamique de la logique transcendantale, il convient de jeter un dernier coup d'œil sur la manière de procéder de Kant, et en particulier sur l'invention dont il fut le plus fier, c'est-à-dire la déduction transcendantale.

Ce que Kant, au moyen d'un terme juridique de son temps, appelle « déduction » (la justification de la légitimité d'une exigence) correspond, quant aux intentions, à ce que j'ai défini, au moyen d'un langage propre au jargon philosophique moderne, comme « naturalisation » (le fait de ramener des performances culturelles à des ressources naturelles). On peut aussi se demander – en changeant de point de vue – pourquoi Kant a dû mobiliser la physique, qui lui a imposé le processus mécanique de la déduction, mais nous connaissons la réponse : parce qu'il s'agissait alors de la seule riposte possible face aux conséquences sceptiques de l'empirisme. S'il s'était agi, par exemple, du darwinisme, il lui aurait suffi de dire que nous sommes ce que nous sommes parce que nous avons évolué dans un monde qui est ce qu'il est : dans cette perspective – au regard du panglossisme qui pourrait en résulter, puisque notre monde est implicitement défini comme le meilleur des mondes possibles[224] – une déduction transcendantale ne semble pas nécessaire. Il suffit de s'en remettre aux schèmes moteurs et corporels qui sont

224. D.C. Dennett, *La stratégie de l'interprète* (1987), tr. fr. Pascal Engel, Paris, Gallimard, 1990.

le résultat de la sélection[225]. Des schèmes de ce genre (bien peu épistémologiques, en ce que nous les partageons avec des organismes non humains) constituent une réponse de profil bas à des stimuli du monde externe, au lieu de se présenter dans toute la pompe des principes constructifs. En pareil cas, la possibilité d'un réalisme de fond demeure disponible, au lieu d'un transcendantalisme : le monde possède ses lois, il les fait respecter et les vivants, s'ils le peuvent et quand ils le peuvent, s'y adaptent.

Pour Kant[226], cela n'allait pas de soi, bien qu'il ait, avec le temps, donné à sa perspective un tour plus sophistiqué. Dans la *Critique de la raison pure*, nous avons affaire à une naturalisation (ou déduction) forte. Les schèmes conceptuels et les appareils perceptifs dont nous sommes dotés rendent possibles et la connaissance scientifique du monde et l'expérience naturelle, en déterminant la *forme* des objets que nous rencontrons, et qui pour cette raison sont des phénomènes (des objets pour nous) et non des choses en soi. Ce dispositif s'enrichit pourtant, dans les deux autres *Critiques*. Voyons brièvement comment.

LA *CRITIQUE DE LA RAISON PRATIQUE*. Dans la *Critique de la raison pratique*, Kant énonce une thèse qui semble déjà beaucoup plus faible tant elle laisse de côté le problème de la déduction. La foi s'y substitue au savoir, de sorte que l'on voit s'y dessiner un monde où non seulement l'entendement ne fixe pas des lois à la nature, mais où il en est complètement dissocié. Ce monde est celui de la raison, c'est-à-dire de la capacité de se fixer des objectifs, et non de catégoriser la sensibilité. Être juste ne consiste pas à appliquer le concept de « justice » à un percept juste (aucun percept ne peut l'être), d'où il résulte que l'idée de justice suit un chemin ou une règle, et cultive en somme essentiellement une forme de vie consciente.

225. G. Lakoff – M. Johnson, *Philosophy in the Flesh. The Embodied Mind and its Challenge to Western Thought*, New York, Basic Books, 1999.
226. Et moins que jamais pour ses contemporains, excepté peut-être les leibniziens qui pourtant – comme nous l'avons vu – avaient d'autres chats à fouetter.

À ce point, du moins pour Kant, on sort de la sphère de l'ontologie pour entrer dans celle de la métaphysique, comprise comme transcendance à l'égard du monde sensible, si bien que la correspondance entre la physique et la philosophie transcendantale, non seulement saute, mais ne doit pas davantage s'instituer. La causalité libre qui nous permet de décider de nous comporter moralement apparaît, par définition, comme quelque chose qui n'a plus rien à voir avec celle qui existe dans la nature, et qui relève toujours d'une catégorie causale nécessaire.

Une chose encore. De fait, la Dialectique, dans la *Critique de la raison pure*, anticipe les résultats de la *Critique de la raison pratique*. L'Âme, Dieu et le Monde constituent des idées nécessaires pour la raison, et non des concepts applicables à l'expérience. Qu'ils soient, non seulement cela n'est pas prouvé ni démenti, mais ne peut l'être, puisqu'une idée, par définition, ne peut jamais recevoir une illustration adéquate dans l'expérience spatio-temporelle. Pourquoi, dès lors, en faire l'hypothèse ? Ici encore, Kant avance un argument de poids : il convient de penser qu'il y a une Âme, un Dieu et un Monde, sans quoi nous ne saurions que faire de notre vie, et nous serions plus ou moins des végétaux placés sous la dépendance de la lumière et de l'eau dont nous sommes arrosés. Mais sommes-nous bien sûrs de ne pas être des végétaux ? Pour autant que nous le sachions, non ; le grand Baruch Spinoza (1632-1677) avait écrit que si une pierre pouvait penser, peut-être, en tombant, penserait-elle qu'elle est libre. Mais l'affirmation de notre liberté est une bonne chose, car sans cela toutes les institutions et la totalité de notre vocabulaire en seraient transformées, et la vie humaine finirait par être quelque chose de très différent de ce qu'elle paraît.

Ce passage du fait à l'hypothèse nous oriente déjà vers la *Critique de la faculté de juger*. Non sans contradictions, lesquelles dépendent pour une bonne part de l'idéalisation extrême de la vie morale qu'implique une telle perspective. D'un côté, Kant soutient qu'il n'existe que des tables et des chaises. D'un autre, il ne tient pas pour nécessaire que les liens qui nous sont donnés par les objets sociaux ne proviennent pas seulement de nous et puissent se révéler « solides comme les arbres et les maisons[227]» (qui n'a pas payé sa note de téléphone sait de quoi je parle). Pour conclure, Kant se montre trop sublime lorsqu'il s'agit de la morale – transformée en une chasse aux idées –, et cela parce qu'il est beaucoup trop terre à terre en ontologie. Cela dit, pourtant, l'affirmation selon laquelle le monde des phénomènes ne dépend pas de manière détermi-nante du Moi – lequel n'est réellement législateur que dans le domaine de la morale – commence à faire son chemin, même si c'est seulement par antithèse.

LA *CRITIQUE DE LA FACULTÉ DE JUGER.* Dans la *Critique de la raison pratique,* il ne s'agit donc pas de naturalisation, puisque Kant parle d'un monde suprasensible régi par les lois de la liberté, et non par celles de la nature, de noumène et non de phénomè-nes. Dans la *Critique de la faculté de juger,* au contraire, nous avons affaire à une naturalisation faible, Kant s'y révèle beaucoup plus moderne que dans la Première *Critique,* où nous avons affaire à une naturalisation forte. L'idée de fond est que nos catégories ne permettent pas de déterminer le monde, mais de l'expliquer au regard de ses fins, ce qui est beaucoup plus raisonnable. Il y a une nette différence entre (1) le fait de soutenir qu'un tourne-vis ne constitue pas une chose en soi, mais un phénomène pour nous, et (2) le fait de noter qu'un tournevis ne possède aucune fin *en soi,* mais une fin *pour nous* qui l'utilisons comme instru-ment. Ici, le dispositif de la Première *Critique* subit une transfor-mation sous trois aspects majeurs .

1. Le jugement déterminant, à travers lequel les catégories confèrent une forme *a priori* à l'expérience, est remplacé par le JUGEMENT RÉFLÉCHISSANT qui suit le parcours inverse : on part de ce qui est donné et l'on cherche la règle, laquelle est conçue par Kant comme purement subjective. Nous sommes en position de sujets rationnels qui trouvent des lois dans la nature, au lieu de les imposer comme objectivement valides et contraignantes pour les phénomènes, comme le voulait la Première *Critique.*

---

227. Cf. A. Reinach, *I fondamenti a priori del diritto civile* (1913), éd. et trad. it. D. Falcioni, Milan, Giuffrè, 1990.

2. Le jugement réfléchissant, à son tour, se spécifie en jugement esthétique et en jugement téléologique. Le JUGEMENT ESTHÉTIQUE apparaît de nouveau comme purement épistémologique, puisqu'il concerne le rapport entre un sujet et un objet, et non la détermination d'un objet. Si je dis d'une chose qu'elle me plaît, je n'affirme en rien que cela appartient à l'objet comme l'une de ses propriétés (en tout cas selon l'interprétation kantienne). Le jugement est donc de nature subjective, si bien qu'en le formulant j'affirme implicitement que d'autres pourraient ne pas s'accorder avec moi. Notons également que Kant, en cet endroit, écrit que « le beau plaît sans concept[228] », ce qui entre en conflit avec la thèse selon laquelle « les intuitions sans concept sont aveugles ».

3. Le JUGEMENT TÉLÉOLOGIQUE, c'est-à-dire l'autre spécification du jugement réfléchissant, représente la version active du jugement esthétique. Si le jugement esthétique répond à la question « est-ce que cela me plaît ? », le jugement téléologique (du grec *telos*, « fin ») répond à la question « à quoi cela sert-il ? Quelle en est la fin ? »)

Cette dernière constitue le mouvement de loin le plus décisif, qui transforme la déduction d'une détermination des objets (version forte) à une reconnaissance des fins (version faible). Si je regarde la section d'un œil, observe Kant[229], je ne parviens pas à comprendre ce que pourrait être cet agrégat

228. I. Kant, *Critique de la faculté de juger* (Ak V, p. 211-212).

229. I. Kant, *Critique de la faculté de juger*, § 61 (Ak V, p. 359-361). L'exemple de l'œil et l'appel à la technologie se trouve déjà chez Leibniz, *Discours de métaphysique* (1686), tr. fr. A. Robinet, Paris, Vrin, § 19. D.C. Marr (*Vision*, S. Francisco, Freeman, 1982, p. 27), l'un des pères du cognitivisme contemporain, réitère l'argument : « Chercher à comprendre la perception en se contentant d'étudier les neurones, c'est comme chercher à comprendre le vol des oiseaux en se contentant d'en étudier les plumes : c'est tout simplement impossible. Pour se donner les moyens d'étudier le vol des oiseaux, nous devons en comprendre l'aérodynamique. Ce n'est qu'à cette condition que la structure des plumes et la forme des ailes prennent un sens. » Le rôle de la téléologie pour l'explication de la réalité a été mise en valeur par D. Dennett dans *La Stratégie de l'interprète*. L'exemple le plus caractéristique et le plus amusant est le suivant : « Le processus est très simple. En

de corps vitreux, cristallin, etc. Mais si je me dis que l'œil est *fait pour voir*, alors tout change : les parties prennent un sens, leurs relations deviennent évidentes. S'agit-il d'une finalité objective ? Malgré tout, non. Dans une certaine mesure, l'œil est fait pour voir et le cœur est fait pour pomper le sang plus ou moins comme les billets sont faits pour payer et l'obligation de conduire à droite ou à gauche pour éviter les accidents. *Fait*: construit, stipulé; non *donné* rencontré. C'est nous qui, sur la base des intérêts de l'humanité et non des objets, établissons ces fins, selon un processus analogue à celui qui nous permet de décider qu'une tumeur est un mal, là où, en ce qui concerne les objets, les cellules cancéreuses n'ont rien de « malin » par rapport aux autres cellules de l'organisme.

Penser que la finalité est incrustée dans les objets et non dans les sujets qui observent et évaluent conduirait inversement à l'absurdité de soutenir que les poux ont été créés pour instiller à l'humanité le sens de la propreté. Or, c'est peu mais c'est sûr qu'il n'en est pas ainsi. On peut certes observer que l'herbe bénéficie au bétail et que le bétail est utile à l'homme, mais on ne voit pas pourquoi les hommes doivent exister, surtout s'ils vont se fourrer dans des endroits inhospitaliers comme la Nouvelle Hollande ou la

premier lieu, on répartit les choses en différents groupes. Chaque pile dépend clairement de ce qu'on a à faire. Si l'on constate que l'on manque de moyen, on passe à la phase suivante, dans les autres cas tout va très bien. L'important est de ne pas exagérer. En d'autres termes, il vaut mieux faire peu de choses que trop de choses en même temps. Vu brièvement, cela peut ne pas paraître important, mais des complications peuvent facilement surgir et une erreur peut se payer cher. Au début, le processus peut paraître compliqué, mais très vite il apparaîtra comme propre à de nombreux aspects de la vie quotidienne. Il est difficile de prévoir qu'un jour, dans un futur proche, cela ne sera plus nécessaire, mais on ne peut jamais savoir. Une fois que le processus arrive à son terme, les choses se disposent à nouveau en groupes divers et peuvent ainsi être mises à leur juste place. Pour finir, nous devons les reprendre encore une fois et le cycle tout entier sera répété. Mais tout cela fait partie de notre vie. » La réponse, indéchiffrable si l'on ne connaît pas la fin est : faire la lessive. (Cité par Brandford et Johnson 1973, repris et modifié dans R. Luccio, *Psicologia generale. Le frontiere della ricerca*, Roma-Bari, Laterza, 1998, p. 39-40).

Terre de feu[230]. Kant ironise à juste titre sur l'optimisme des leibniziens, persuadés que ce monde est le meilleur des mondes possibles (« nous imaginons le pire », commentait le Candide de Voltaire), mais revoit de fait tout le dispositif de la *Critique de la raison pure*. Toute l'imposition des fins rationnelles, c'est-à-dire – dans les termes qui ont été proposés – toute la naturalisation de la physique, constitue alors une activité *épistémologique* et non ontologique. Elle concerne les dispositions des sujets, non les caractéristiques des objets.

Un simple contre-exemple, en reprenant un exemple proposé au début du chapitre : Kant au moment où il reproche aux leibniziens de postuler des fins objectives dans la nature, suit la même ligne de raisonnement que celle qui le conduit à critiquer leur prétention de connaître les choses en soi, les noumènes, et non les choses en tant qu'elles apparaissent, les phénomènes. Mais en réalité, comme nous l'avons vu dans le chapitre 6, il semble très difficile de soutenir que *tout* est phénomène, c'est-à-dire que le tournevis, la vis et le morceau de bibliothèque en kit qui se trouvent dans la pièce sont des phénomènes et non des choses en soi, parce qu'ils manifestent une autonomie arrogante (et parfois une tenace indocilité) à mon égard. Il résulte qu'il est absolument sensé d'affirmer que le fait d'utiliser le tournevis pour visser la vis qui réparera (si tout va bien) mon étagère entre dans un système de fins qui existe pour moi et non pour un écureuil qui ne peut utiliser le tournevis, pas plus qu'il n'a besoin de bibliothèque, là où une telle propriété physique des objets (par exemple la solidité) vaut aussi bien pour moi que pour l'écureuil.

Bref, la première version est celle de la *Critique de la raison pure*, la seconde celle de la *Critique de la faculté de juger*. Entre l'une et l'autre, Kant a reconnu que le « pour nous » constitue un caractère inhérent non pas à *tout* objet, mais à ces objets particuliers que sont les instruments, qu'il s'agisse de tournevis, de baignoires, d'avions ou de livres ; d'institutions (essayez de mettre un castor dans un bureau de postes et vous comprendrez que pour lui c'est une chose très différente que

---

230. I. Kant, *Critique de la faculté de juger*, cit. § 67 (Ak V, p. 378).

pour nous), de *systèmes organisés* (que ce soit la nature ou le corps humain) considérés du point de vue de l'intérêt de l'humanité. La Révolution copernicienne, dans sa version radicale, est achevée après seulement neuf années de vie. *Goodbye* Kant ?

11. Bilan de la Révolution

Un spectre hante l'Europe. On ne le dirait pas, si Kant a réussi une chose, après les premières résistances, c'est à être le penseur de loin le plus influent, de manière directe ou indirecte, de la philosophie des deux derniers siècles, le dix-neuvième et le vingtième. La Révolution copernicienne ouvre de nombreuses voies, et surtout elle en ferme beaucoup d'autres. Elle jugule le réalisme plus ou moins naïf qui avait dominé la philosophie depuis l'époque d'Aristote, bien qu'il ait été déjà sapé (mais trop grossièrement) par Descartes. Elle promet aux philosophes un métier, et surtout elle leur garantit une rente de position : en leur qualité de professionnels des schèmes conceptuels, ils savent ce qu'ils ont à faire, et peut-être, en devenant psychologues, ils pourront aussi devenir des spécialistes des systèmes perceptifs. C'était la juste manœuvre. À partir de cette impulsion (et malgré de vastes poches de résistance), la philosophie moderne représentera pour une large part une note de bas de page supplémentaire à la philosophie de Kant, tout comme la philosophie antique avait été une glose de la pensée de Platon.

On peut le vérifier facilement[231]. L'idéalisme et l'anti-idéalisme, le rationalisme et l'irrationalisme des deux derniers siècles, se révèlent en dernière analyse indéchiffrables sans l'apport de Kant. Ces positions, en fait, dérivent d'une manière générale du poids transféré des objets au sujet qui connaît. Celui qui soutiendrait que quatre-vingt pour cent de

---

231. Pour une histoire synthétique de la réception kantienne, cf. A. Guerra, *Introduzione a Kant,* cit. (avec une mise à jour jusqu'en 1997, par G. Gigliotti), p. 220-230. Pour une histoire du transcendantalisme, G. Gigliotti, *Avventure et disavventure del trascendentale,* Naples, Guida, 1989.

la philosophie du vingtième siècle dérive, sinon dans le détail de la philosophie kantienne, du moins de la révolution copernicienne, n'exagèrerait certainement pas. En fait, le kantisme constitue beaucoup plus qu'un simple mouvement de pensée, une école : il s'agit d'un style qui a répandu ses effets, en les propageant bien au-delà d'une influence directe. Le tournant linguistique qui a caractérisé le vingtième siècle pour une bonne part[232], l'idée que les problèmes philosophiques se peuvent résoudre ou dissoudre en réglant les comptes avec le langage que nous parlons, seraient impensables sans la philosophie de Kant, puisque le langage assume ici la fonction transcendantale qu'y tenaient les catégories. Sans oublier que l'anthropologie, la psychologie, les sciences humaines en général, et même les sciences cognitives, tirent leur impulsion de fond d'un mouvement kantien : si l'on veut connaître le monde, il faut d'abord connaître les hommes, leur esprit et leurs sens. Ce qui revient à dire que toutes les raisons de fond qui ont déterminé les développements de la philosophie des deux cents dernières années, y compris ceux qui en apparence ont voulu rompre les ponts avec la philosophie traditionnelle, sinon avec la philosophie tout court, viennent de Kant.

Reconnaissons-en les mérites. Le problème consiste en ce que Kant nous a légué autant de problèmes inédits, voire irrésolus, que de solutions. Nous nous efforcerons de les récapituler en passant en revue, pour finir, les trois *Critiques*.

MATRIX. Commençons avec le problème le plus visible, celui de l'ontologie de la Première *Critique*. À la lumière de la révolution copernicienne, tout est réel, mais à l'intérieur de nos schèmes conceptuels et de notre appareil perceptif., ce qui signifie que – même si Kant ne l'aurait jamais admis – quand bien même nous serions des cerveaux immergés dans des cuves organiques, stimulés électriquement par un savant fou, cela ne changerait rien à l'objectivité de notre connaissance[233]. C'est ce qui

---

232. R. Rorty (éd.), *The Linguistic Turn* (1967), Chicago, University of Chicago Press, 1992.

233. H. Putnam, *Raison, vérité et histoire* (1975), tr. fr. Abel Gerschenfeld, Paris, Éditions de Minuit, 1984.

correspond à ce que Kant appelle le « réalisme empirique », lequel, dans sa perspective, n'exclut pas l'idéalisme transcendantal, c'est-à-dire la thèse selon laquelle tout dépend des schèmes conceptuels. On peut y voir au moins deux avantages : le scepticisme y est vaincu grâce à une thèse qui l'effleure et le courtise, mais qui rend le monde sûr et rationnellement connaissable ; en outre, une division du travail y est introduite entre les scientifiques qui s'occupent du monde et les philosophes qui se chargent de la manière dont nous le connaissons.

À première vue, le monde dessiné par Kant est celui de *Matrix* : rien n'est réel, tout n'est qu'une apparence qui frappe nos sens[234]. C'est ainsi qu'il fut en effet interprété par nombre de contemporains et de successeurs : réaliser la révolution copernicienne revient à se munir de lunettes avec des verres colorés : tantôt le monde paraît rouge, tantôt il paraît bleu. En réalité, le jeu se révèle beaucoup plus judicieux et sophistiqué qu'on ne pourrait croire. Il y a bien un monde, indépendamment de ce que nous percevons, pensons et savons. Nous autres, êtres humains, nous le voyons d'une manière égale pour tous. D'autres êtres le voient d'une autre manière, et peut-être même ne le voient pas du tout, car nul ne l'a créé ni inventé. En d'autres termes, notre monde est le même que celui des chauve-souris[235], à ceci près que nous voyons des choses là où elles perçoivent des résonances. Toutefois, la lecture qui a prévalu a été précisément celle d'un monde construit par le Moi, au-delà des intentions de Kant, mais, au fond, avec l'autorisation de sa philosophie[236]. Ainsi, comme toutes les grandes révolutions, celle de Kant n'a pas eu lieu sans que du sang soit versé, et ce au moins pour trois raisons.

234. « Je sais que ce steack n'existe pas. Je sais même que lorsque je l'enfilerai dans ma bouche, Matrix suggèrera à mon cerveau qu'il est juteux et délicieux. Sait-il, après neuf ans ce que j'ai compris ? – Que l'ignorance est un bien. » (Cypher in *The Matrix*, 1999).

235. Th. Nagel, « What Is It Like to be a Bat ? », *Philosophical Review*, 83, 1974, p. 435-450 ; repris dans *Questions mortelles* (1979), tr. fr. P. Engel, Paris, PUF, 1983.

236. A. Schopenhauer, *Le monde comme volonté et comme représentation* (1819), op. cit., § 1 : « Le monde est l'une de mes représentations : voilà une vérité qui vaut pour tout être vivant et pensant. »

En premier lieu, si ce qui est connaissable se réduit à ce qui se trouve dans l'Espace et dans le Temps, alors la métaphysique devient une province de la physique, et il en résulte notamment la création d'un territoire extrêmement ample de choses qu'on ne peut ni voir ni toucher, et qui finissent par devenir équivalentes : Dieu, l'origine du monde, la promenade que j'ai faite hier, l'obligation de conduire avec une ceinture de sécurité. Non seulement, Kant avait beaucoup de respect pour les objets qui ne se trouvent pas entre la terre et le ciel, mais il considérait qu'ils constituaient les choses les plus importantes pour la métaphysique. Simplement, pour lui, ils ne pouvaient être connus, et il valait même mieux qu'il en soit ainsi. Car, par exemple, si nous pouvions voir Dieu comme nous voyons des tables et des chaises, nous n'agirions pas par moralité, mais par espérance ou par crainte[237]. Or, passe encore pour Dieu, ou pour l'immortalité de l'âme, pour lesquels en effet le raisonnement peut encore se tenir. Mais même l'obligation de ne pas dépasser les 130 kilomètres à l'heure ne se voit pas (ce que l'on voit, ce sont des signaux, et le cas échéant les amendes). Cela veut-il dire que nous avons affaire à quelque chose qui n'existe pas ou dont la nature est, plus ou moins, celle d'un noumène ? Il faudra attendre un siècle de plus[238] pour qu'un tel préjugé en faveur du réel soit déraciné, et que soit ainsi récupéré tout (sincèrement beaucoup trop) ce que Kant avait mis sous le boisseau : une ontologie susceptible d'accueillir Madame Bovary et Sherlock Holmes, le nombre 5 et le triangle équilatéral, et surtout cette forêt de lois, d'obligations, de normes, qui sont à la base de notre vie sociale et qui constituent « une monumentale ontologie invisible » à laquelle Kant ne s'est jamais donné la peine de penser[239].

En second lieu, si ce que nous connaissons dépend de la façon dont nous sommes faits, alors la philosophie devient un chapitre de la psychologie. Le combat subtilement livré à Kant

---

237. E. Kant, *Critique de la raison pratique* (1788), op. cit., I, II, II, § 9 (Ak V ; p. 146-148).

238. A. Meinong, *Théorie de l'objet* (1904), tr. fr. J.-F. Courtine et M. de Launay, Paris, Vrin, 1999.

239. J. R. Searle, *La construction de la réalité sociale*, op. cit.

par une large fraction de la bonne philosophie au cours des deux cents dernières années, celui qui consiste à dissocier les actes psychologiques du sujet de leur portée objective, le fait que je pense un triangle à partir du triangle que je pense, est une réaction, d'abord timide, puis de plus en plus explicite, à cette organisation[240].

Troisièmement, et surtout, entre «être» et «connaître» il n'y a plus aucune différence, ce qui revient précisément à dire que la distinction entre objectif et subjectif s'évanouit, en dépit des meilleures intentions de Kant. Berkeley[241] s'était demandé si un arbre qui tombe dans une forêt, sans personne pour l'observer, fait réellement du bruit ; et il avait ouvert la voie à cet idéalisme dogmatique auquel Kant, dans la *Critique de la raison pure*, ne réserve même pas l'honneur des armes[242]. Mais Kant n'en soutient pas moins quelque chose qui, pour être d'apparence plus neutre, aboutit pourtant au même résultat. Ce qui échappe à la connaissance n'existe pour ainsi dire pas : c'est un noumène, c'est-à-dire un coup de pistolet tiré dans la nuit. Mais puisque la connaissance constitue toujours, en même temps, quelque chose qui se produit chez un sujet (fût-il transcendantal), la distinction entre subjectif et objectif se réduit à un vœu pieux.

Il arrive donc à Kant ce qui est arrivé à un autre Prussien, le Baron de Münchhausen : on admettra que s'assurer de la possi-

240. G. Frege, « La pensée », *in Écrits logiques et philosophiques,* (1918-1919), tr. fr. C. Imbert, Paris, Seuil, 1971.

241. G. Berkeley, *Principes de la connaissance humaine,* op. cit. L'argument est très sophistiqué, mais il se prête aisément à des hésitations sceptiques. On peut s'en rendre compte à partir des toutes premières règles de la *Teoria generale dello spirito come atto pure* (1916) de Giovanni Gentile (1875-1944), in G. Gentile, *Opere filosofiche*, éd. E. Garin, Milan, Garzanti, 1991, p. 459 : « depuis le début du dix-huitième siècle, avec la doctrine de Berkeley, se pose clairement cette notion : que la réalité n'est pensable qu'en relation avec l'activité pensante pour laquelle elle est pensable, et en relation avec laquelle elle n'est pas seulement un objet possible de connaissance, mais un objet de connaissance réel, actuel. Si bien que si l'on veut concevoir une réalité, il faut d'abord concevoir l'esprit dans lequel cette réalité se représente, d'où il résulte que le concept d'une réalité matérielle est absurde. »

242. B 274-275.

bilité d'un monde stable et objectif en ne se référant qu'au sujet ne se révèle pas plus facile que d'échapper à la noyade en se tirant soi-même par la peau du cou. On peut en donner aisément une illustration au moyen de trois exemples qui me semblent de force croissante en ce qu'ils mettent respectivement en crise le concept de « phénomène », par opposition à la « chose en soi », la distinction entre « objectif » et « subjectif », et pour finir la possibilité d'une morale, qui constitue pour Kant l'objectif fondamental d'une philosophie digne de ce nom.

Premièrement. Notre connaissance porte sur des phénomènes : le rouge n'est pas dans la rose. Mais à ce moment-là (comme nous nous le sommes demandé dans le chapitre 6), où est le rouge ? Dans notre tête ? Et dans ce cas, pourquoi s'agit-il précisément du rouge, et non pas d'une autre couleur ?

Deuxièmement, et en en venant au fait. Quelle différence y a-t-il entre percevoir objectivement et percevoir subjectivement ? Kant fait appel à un exemple célèbre[243]. Je peux regarder une maison de la cave au grenier ou du grenier à la cave, ce qui constitue un ordre subjectif modifiable à ma guise, quand je le veux et comme je le veux. Mais si je regarde un bateau qui navigue le long d'un fleuve, la perception est objective en ce que je ne peux pas inverser le processus à loisir : le bateau est là-bas, et je ne peux le faire retourner en arrière d'un mouvement de tête. Or, la distinction entre objectif et subjectif est déjà présupposée dès l'instant où je crois avoir trouvé un critère pour distinguer l'un de l'autre. Et elle ne s'écroule dès que se présente un cas seulement un peu plus compliqué[244]. Imaginons que nous nous trouvons dans un bateau qui touche terre. Comment faisons-nous pour savoir que c'est le bateau qui s'approche des côtes et non pas les côtes qui s'approchent du bateau[245] ?

243. A 190 sq. / B. 236 sq.
244. C'est ce que Reid avait déjà pris en considération, en lui donnant une fonction anti-empiriste dans ses *Recherches sur l'entendement humain* de 1764.
245. Ce qu'il y a de bien c'est que Kant en traite dans les *Premiers principes métaphysiques de la science de la nature*. Mais apparemment – précisément comme dans le cas des opposés non congruents dont il discute pourtant en cet endroit – il n'en tire pas les conséquences problématiques pour sa propre théorie.

Troisièmement, la morale. Kant aurait peut-être répondu que ces préoccupations sont secondaires, et que ce qui compte le plus, ce n'est pas ce que nous pouvons savoir, mais ce que nous pouvons espérer et ce que nous devons faire. Tous ces doutes très abstraits se dissiperaient dès l'instant où il nous faudrait prendre une décision morale. Ce que nous perdons dans le monde de la connaissance, où les choses sont devenues des phénomènes et où celles qui sont en dehors de notre portée n'existent pas, nous le récupérons en abondance, pour Kant, dans le monde moral où nous sommes maîtres de nos intentions. Eh bien soit. Mais que seraient ces intentions s'il n'y avait pas un monde extérieur et si nous n'étions pas en mesure de distinguer l'euphorie du bonheur, la dépression de la tristesse, le fait d'avoir des amis du simple fait de penser en avoir ?

KANT ET TALLEYRAND. C'est peut-être le problème le plus grave, surtout si l'on songe à l'importance que Kant – comment lui donner tort ? – accordait à la morale. On connaît bien les dernières pages de la *Critique de la raison pure*: il y a deux choses qui sont particulièrement claires et merveilleuses : le ciel étoilé au-dessus de ma tête et la loi morale en moi ; sous le premier rapport nous sommes esclaves de la causalité, sous le second, notre liberté nous appartient. Le problème qui se pose n'est toutefois pas de moindre importance. Le ciel étoilé, nous le voyons pleinement, la loi morale pas du tout, et c'est pourquoi, nous dit Kant, elle pourrait très bien ne pas exister. Au contraire, il n'y a pas vraiment quelque chose de tel, puisque comme nous l'avons vu, ce n'est pas quelque chose qui entre dans la sphère des phénomènes, et c'est précisément pourquoi elle est la morale. En bref, ce qui compte c'est la pensée. Mais un tel principe, qui se révèle désastreux dans le cas de cadeaux (mais ce n'est pas clair : oui, c'est ça, comme lorsqu'on dit en matière de cadeaux que ce qui compte ce n'est pas l'objet mais la pensée), n'est pas moins problématique pour la morale : celui qui pense bien faire, en effet, pourrait être à l'origine de catastrophes et n'en serait pas moins pour Kant un héros moral.

Navigateur au long cours, l'évêque et ministre (de Louis XVI, de Napoléon, de Louis XVIII) Charles Maurice de Talleyrand Périgord (1754-1838), s'y entendait en morale, y compris d'un point de vue kantien, comme le démontre un dicton qui lui est attribué : les principes sont une belle chose ; ils n'engagent que ceux qui y croient. C'est pourquoi il est toujours souhaitable de soulever des questions de principe, comme il est utile de parler en général, en employant des maximes qui se révèlent aussi péremptoires que vagues. Au cours des mêmes années, Kant se comporta (théoriquement) exactement comme Talleyrand, et il écrivit qu'il avait besoin d'opérer de manière telle que notre volonté puisse valoir comme principe de législation universelle[246]. Comme nous l'avons vu, la thèse de Kant est que la morale se déploie, dans sa forme pure, dans un monde pleinement intelligible dans lequel l'Espace et le Temps ne jouent aucun rôle ; un monde dans lequel notre corps et notre être en tant qu'objet et non comme sujet n'ont aucune importance ou ne représentent, tout au plus, que la source de petites frictions que purifie notre action, comme (dans l'exemple de Kant) la résistance de l'air qui permet à la colombe de voler. La résistance de l'air, les frictions du monde, ne seraient donc que de simples accidents.

Mais pourquoi ne pas demander si le contraire ne pourrait pas être vrai ? Faisons une simple expérience de pensée : si notre corps et notre monde possédaient d'autres caractéristiques, alors toute notre morale en serait elle-même modifiée. Si nous parvenions à mouvoir notre corps avec l'aisance qui caractérise les mouvements de notre pensée, il est probable qu'aucune des valeurs actuellement en vigueur n'aurait cours. Si nous vivions dix secondes, nos valeurs seraient d'un tout autre type, et il est probable qu'elles n'existeraient pas ; comme dans le cas où nous serions immortels.

Ceci pour la morale désincarnée. En outre, à vouloir chercher aussi minutieusement que possible la pureté morale, il en résulterait inévitablement que tout apparaîtrait horrible et corrompu. Celui qui, un seul instant, a caressé l'idée de com-

---

246. I. Kant, *Critique de la raison pratique*, op. cit., I, I, I, § 7.

mettre un crime et celui qui l'a commis ne valent guère mieux l'un que l'autre si seules comptent les intentions, et si nous ne possédons aucune réelle certitude quant à l'existence du monde extérieur[247].

La férocité de la morale kantienne, privée de piété par son obsession des principes, a été soulignée dans *Michael Kohlaas* (1810) de Henrich von Kleist (1777-1811) et dans *Dogville* (2003) de Lars von Trier. Son absurdité tient à ce que seul peut être moral ce qui échappe au plaisir, si bien que le fait d'aider ses enfants ou ses amis ne revêt aucune signification morale. C'est ce qu'a bien vu Friedrich Schiller (1759-1805), mais c'est au vingtième siècle que l'incohérence d'une morale purement formaliste est apparue le plus

247. D'où diverses conséquences embarrassantes, comme le soutien appuyé qu'apporte Kant à la peine de mort, fondé, en substance, sur l'argument aux termes duquel si quelqu'un est innocent ce n'est pas une peine si grave (puisqu'il se sait en paix avec sa conscience), alors que cette peine est parfaitement juste pour le coupable qui, au-delà de tout, puisqu'il est méchant, tiendra plus à la vie qu'à l'honneur, I. Kant, *Métaphysique des mœurs* (1797), tr. fr. A. Philonenko, Paris, Vrin, 1971, I, Doctrine du droit, 49, E (Ak VI, p. 333-334). Le passage considéré mérite d'être cité : « Supposez que dans la dernière révolte d'Écosse, comme plusieurs participants à celle-ci (tels Balmerino et d'autres) ne croyaient en se soulevant que remplir leur devoir envers la maison des Stuart, tandis que d'autres en revanche n'agissaient que d'après des considérations personnelles, le tribunal suprême ait prononcé ainsi son jugement : chacun aurait la liberté de choisir entre la mort et les travaux forcés – j'affirme que l'homme d'honneur eût préféré la mort et la fripouille les mines ; ainsi va la nature de l'esprit humain. C'est que le premier connaît quelque chose qu'il estime encore plus que la vie elle-même, je veux dire l'honneur, tandis que le second tiendra toujours comme préférable à l'inexistence une vie couverte de honte [...] Or le premier est sans conteste moins punissable que le second, et ils sont punis, par la mort qu'on leur inflige à tous, de manière tout à fait proportionnée : le premier plus doucement si l'on considère sa manière de sentir et le second plus durement d'après la sienne. Tout au contraire si on les condamnait l'un et l'autre aux travaux forcés à perpétuité, le premier serait puni trop sévèrement et le second trop doucement, eu égard à sa bassesse. La mort est donc, dans le cas même où il s'agit de décider au sujet d'un certain nombre de criminels unis dans un complot, le meilleur niveau que puisse appliquer la justice publique » (p. 216-217).

clairement[248]. L'impossibilité d'une éthique soustraite au monde et désincarnée, ajoutée à la problématique du concept de « désintéressement » étend ses difficultés jusqu'à la Troisième *Critique*.

Un Iroquois à Paris. En effet, les difficultés de l'argumentation kantienne apparaissent aisément dans la seule sphère de l'analyse du plaisir esthétique, car si ce plaisir est tenu pour *désintéressé*, rien n'est explicitement dit quant à la nature de ce désintéressement. Si ce n'est pas un plaisir, de quel plaisir s'agit-il ? En morale, déjà, le problème théorique n'est pas mince, et il prend une dimension explosive en esthétique : comment pouvons-nous goûter une chose qui, dans son essence, ne demande rien de tel ? La solution consiste précisément en ce que le goût impliqué par l'expérience esthétique ne se réfère pas à quelque chose qui se puisse manger. En ce sens-là aussi, *Carmina non dant panem*. Inversement, manger quelque chose ou quelqu'un, fût-ce avec les yeux, constitue un signe infaillible d'intérêt.

Arrêtons-nous sur ce cas. Toute la *Critique de la faculté de juger*, où se trouve précisément énoncé et argumenté l'axiome du plaisir désintéressé, est traversée, à titre de contre-exemples, d'images alimentaires. Le *sachem* iroquois qui n'apprécie, de Paris, que les gargotes et les rôtisseries, selon les traductions, en est un emblème : il s'agit d'un barbare incapable de plaisir désintéressé; il nous apporte la preuve que seules lui plaisent les choses pouvant être mangées.

Mais ce n'est pas le seul cas. Considérons l'art des jardins qui, à l'époque de Kant (et qui revient aujourd'hui) faisait partie des beaux-arts. Les fleurs possèdent une couleur et une odeur, et Kant en conclut que l'aspect authentiquement esthétique consiste dans la forme (des fleurs et des jardins), non dans la matière. Pourquoi ? Si l'exemple du *sachem* peut se voir reconnaître une valeur, c'est parce qu'on peut les manger (nous supposons que dans le jardin se trouvent des arbres fruitiers, sans oublier la possibilité de préparer des salades de

---

248. M. Scheler, *Le formalisme en éthique et l'éthique matérielle des valeurs* (1912), tr. fr. M. de Gandillac, Paris, Gallimard, 1955.

roses). La forme, elle, on ne peut la manger et c'est pourquoi elle est la source d'un plaisir désintéressé.

Encore un exemple, ce qui fait pour nous la valeur du sublime, forme démesurée du beau, selon Kant, tient à ses dimensions (ce qu'il y a en lui de colossal), aux forces qu'il déploie (un tremblement de terre, une tempête). Or, ici aussi le plaisir pour un tremblement de terre ou une tempête (que Kant désigne comme un « sublime dynamique » en ce que s'y manifeste une force, tandis que dans le cas du sublime mathématique, par exemple celui qui se rapporte au colossal, c'est la grandeur qui importe), ne peut être éprouvé qu'en position de spectateur et non d'acteur. Pourquoi ? Manifestement parce que en pareil cas notre intérêt réside dans le fait de ne pas être *englouti* par les flots.

Un dernier exemple. Pour Kant, comme pour beaucoup d'autres, la forme excellente de la beauté est représentée par le corps humain. Ici aussi, à bien considérer les choses, les raisons ne sont pas non plus liées à des réticences alimentaires. Un homme, par principe, de même qu'une femme, ne se mange pas. Un cochon, oui, et on ne jette rien. Et il n'existe que peu de peintures, et encore moins de statues, qui représentent des cochons. Si le cochon de *Babe, le cochon devenu berger*, le film de Chris Noonan de 1994, est rendu esthétiquement et non alimentairement désirable, c'est seulement parce qu'il est humanisé. Et si les natures mortes, qui représentent des fruits et parfois des poissons ou du gibier, sont considérées comme appartenant à un genre mineur, c'est parce que l'homme en est absent : de toute façon on ne les mange pas, et tout au plus elles pourraient servir à torturer un affamé. Dans ce cas, comme dans les précédents, c'est précisément le soupçon fondamental à l'égard de la matière, l'inclination aveugle en faveur d'une forme universalisable qui devient la source de difficultés insurmontables pour la philosophie kantienne.

DE KANT À KAFKA. Cette glorieuse révolution a-t-elle donc fait trop de victimes ? Ce n'est pas le problème. Kant a combattu avec un trop grand succès l'idée du sens commun d'un regard naïf sur les choses et d'un rapport immédiat avec le monde, et il ne l'a pas fait avec l'inconséquence d'un sceptique, mais avec la volonté constructive d'un philosophe honnête qui était aussi celle d'un grand penseur (en ce qu'elle se réfère à lui et à un petit nombre d'autres, cette appréciation n'a rien d'ironique). La voie qu'il a ouverte s'est souvent transformée en un chemin de traverse, mais elle fut aussi la seule capable de tirer la métaphysique de l'embarras dans lequel elle s'était mis. Le retour du réalisme, deux siècles après le tournant kantien n'est donc pas le résultat d'un mouvement pendulaire monotone, mais, probablement, le signe que cette fois elle a été définitivement métabolisée : un regard naïf sur le monde est non seulement possible, et même nécessaire, mais l'ingénuité n'est pas donnée, il faut la conquérir. Comment ?

Les réactions suscitées par le kantisme ne se produisirent, au dix-neuvième siècle, ni chez les positivistes, héritiers de l'empirisme, ni chez les historicistes continuateurs de l'idéalisme et du rationalisme, mais à partir d'une direction pour une large part inattendue[249]. C'est avec cette aventure qu'il convient de conclure notre histoire, puisque – parallèlement à la logique des célébrations qui a motivé ce livre – on pourrait contempler celle de la transmigration des âmes. Le prêtre de Bohème Bernhard Bolzano est mort en 1848, l'année même de la naissance de Gottlob Frege (mort en 1925), qui en recueillit inconsciemment l'héritage (probablement sans jamais en avoir lu une ligne). L'élève de Bolzano, prêtre praguois lui aussi, Franz Příhonský, mort en 1859, à l'époque de la bataille de Solférino, alors que Alexius Meinong, un autre héros de cette aventure anti-kantienne et austro-hongroise avait à peine six ans.

Qu'y a-t-il de commun entre tous ces trépassés, dans leurs diverses migrations ? Un anti-kantisme féroce, propre à l'atmosphère catholique typiquement autrichienne (l'oiseau rare, ici, est représenté par Frege, Allemand du nord et protestant), déjà

---

249. J. A. Coffa, *La tradizione semantica da Kant a Carnap* (1991), tr. A. Peruzzi, Bologne, Il Mulino, 1998.

présent chez Bolzano[250] dont, comme nous l'avons dit dès le début, Příhonský[251] recueille le témoignage. Quelle a été l'erreur fondamentale de Kant ? Très précisément la Révolution copernicienne, aux termes de laquelle le monde devient la création d'un Moi qui a pris la place de Dieu. Une telle révolution ne pouvait être du goût de deux prêtres catholiques, mais Bolzano et Příhonský ne se limitèrent pas à la déprécier. Ils s'orientèrent, bien au contraire, vers la revendication d'un monde existant indépendamment de tout Moi qui le pense.

Le levier permettant de tirer de ses gonds tout l'édifice consista en une critique de la notion d'«intuitions sensibles pures». Des intuitions de ce genre, il n'en existe tout simplement pas. Les intuitions sensibles possèdent un seul objet, c'est-à-dire qu'elles constituent des représentations singulières, à défaut de quoi elles se mêlent à des concepts et cessent d'être des intuitions. En parlant d'«intuitions sensibles pures» ou de «formes pures de l'intuition» (l'Espace et le Temps) ou encore du «divers de l'intuition» dont le Je assurerait la synthèse, Kant a fait appel à des entités contradictoires qui n'existent ni dans le Ciel des concepts ni sur la Terre des intuitions. Le résultat est qu'il n'est pas vrai que des intuitions sans concepts sont aveugles : elles voient très bien, exactement comme je vois cette table au moment où j'écris ; quant à s'attaquer ensuite au concept de «table», c'est une autre paire de manche.

Mais ce qui importait en réalité à Bolzano et à Příhonský, c'était la pensée. Il leur paraissait absurde de la subordonner à l'activité d'un sujet, d'un Je pense. La nécessité réside dans les concepts, et non dans le Je comme *a priori*. De là est née la théorie de l'objet (dont on a retenu essentiellement l'idée d'objets non existants) de Meinong[252], ainsi que la logique de Frege[253], chez qui le point décisif consiste à dissocier la pensée en tant que contenu objectif et commun des pensées comme actes psychologiques des individus qui s'y réfèrent.

250. B. Bolzano, *Wissenschaftslehre. Versuch einer ausführlichen und grösstentheils neuene Darstellung der Logik mit steter Rücksicht auf deren bisherige Bearbeiter*, Sulzbach, 1837.

251. F. Příhonský, *Neuer Anti-Kant*, op. cit.

252. A. Meinong, *Théorie de l'objet*, op. cit.

253. G. Frege, «La pensée», op. cit.

À qui faut-il donner raison dans cette affaire ? Il est clair que les Catholiques autrichiens touchent à un point crucial : on ne peut réduire la réalité à ce qui est accessible à un sujet dans l'Espace et dans le Temps, car dans ce cas le monde en serait considérablement appauvri, en se prêtant ainsi à une totale ingestion[254]. Pourtant, en même temps, leur monde, en ce qu'il admet aussi bien des carrés ronds que Pégase, ou en ce qu'il revendique la réalité objective de la pensée, se trouve – plus encore que ce n'était le cas chez les leibniziens – dans la difficulté de distinguer la logique de l'ontologie, le simple fait de penser de ce qui entre dans le champ de notre expérience sensible. En ce sens, alors, ils ont probablement également tort : trop peu de réalité pour Kant, trop, y compris les cent thalers possibles, pour les Autrichiens.

C'est un autre enfant du monde de la double monarchie, le Moravien Edmund Husserl, qui a montré le bon chemin[255]. La nécessité que nous attribuons très légitimement à la philosophie ne se donne pas seulement dans les propositions de la logique (comme le voudraient les partisans de l'*a priori* conceptuel) ou dans les découvertes de la physique (comme le voudrait Kant), mais dans le monde et dans ses lois. Il n'y a pas de couleur sans extension, ni une note qui n'ait pas de durée : pourquoi de telles lois devraient-elles être posées dans le sujet, alors même qu'elles correspondent aussi bien aux objets ? La nécessité que Kant reconnaissait dans les catégories appliquées à l'expérience, et que Bolzano et ses successeurs situaient dans le monde un peu platonicien des concepts, Husserl la trouve précisément dans l'expérience. La raison peut s'affairer comme elle veut : les objets restent là, dociles et solides comme des arbres et des maisons lorsque ce sont des lois et des règles, et même lorsqu'il s'agit de ces formes un peu particulières d'objets que sont les sujets. Cette

---

254. Une phrase comme « Mickey est plus antipathique que Donald », par exemple, serait très difficile à justifier puisque ni Mickey ni Donald n'existent dans l'espace et dans le temps.
    255. E. Husserl, *Recherches logiques* (1900-1901), tr. fr. Hubert Elie, Arion L. Kelkel et René Scherer, Paris, PUF, 1963.

nécessité a été soulignée par un autre fidèle serviteur de l'Empire austro-hongrois, Franz Kafka : « Nous sommes comme des troncs d'arbre sur la neige. Ils ne sont là que de manière apparente et une simple petite poussée devrait permettre de les déplacer. Et pourtant, non, on ne le peut parce qu'ils sont solidement attachés à la terre[256]. »

---

256. F. Kafka, « Récits », in *Œuvres complètes*, op. cit.

INDEX DES NOMS PROPRES

Table des matières

collection «tiré à part»

Catalogue complet sur
demande à
infos@lyber-eclat.net
ou sur
www.lyber-eclat.net

ACHEVÉ D'IMPRIMER SUR LES PRESSES DE
L'IMPRIMERIE FRANCE QUERCY, 46090
MERCUÈS, D'APRÈS MONTAGE ET GRAVURE
NUMÉRIQUES (COMPUTER TO PLATE) DÉPÔT
LÉGAL : FÉVRIER 2009 NUMÉRO D'IMPRESSION :
9   0   0   0   2
IMPRIMÉ   EN   FRANCE